KB014321

스피치에 강해지는
일본어 작문
트레이닝

시사일본어사

머리말

「あの会社に支援したいです (그 회사에 지원하고 싶습니다.)」

(レストランで)「すみません、計算してください [식당에서] (저기요, 계산해주세요)」

「ミジョンさんは今日、痛いから欠席です (미정 씨는 오늘 아파서 결석합니다)」

「朝、洗ってから来ました (아침에 씻고 나왔습니다)」

이 네 가지 문장은 일본어로서 매우 어색합니다. 왜 그럴까요?

첫 번째 문장은 한국어로 표기할 때 「志願」과 「支援」이 모두 '지원'이 되기 때문에 일어나는 오류입니다. 위 문장에서 「支援」이라고 하면 회사를 도와주기 위해서 돈을 지원해 준다는 의미가 되어버리고 맙니다.

두 번째 문장은 「計算」이라는 일본어는 기본적으로 덧셈이나 뺄셈을 한다는 의미밖에 없으며, 식당 등에서 돈을 지불할 때에는 「会計(회계)」라는 표현을 사용합니다. 이처럼 「計算」='계산'이긴 하지만, 한국어와 일본어는 그 쓰임새가 다르기 때문에 일어나는 오류입니다.

즉, 이들은 모두 한국어 모어(母語) 화자이기 때문에 일어나는 오류입니다(세 번째와 네 번째 문장에 대해서는 8과 및 2과를 참조하세요). 일본어와 한국어는 비슷한 점이 많아서 배우기 쉽다는 장점이 있는 반면, 그만큼 위의 예처럼 한국어의 간섭 때문에 "한국어식" 일본어에서 벗어나지 못하는 경우가 있는 것도 사실입니다.

이 책은 학습자로 하여금 이와 같은 "한국어식 일본어"에서 벗어나는 것을 돕기 위해 집필한 교재입니다. 주로 중급 이상의 학습자가 보다 자연스러운 일본어를 배우는 데에 이 책이 도움이 되었으면 좋겠습니다.

대표저자 持田祐美子

이 책의 구성과 활용

2 アルバイト

주요 학습 내용
□ 포인트 ①：洗う
□ 포인트 ②：〜ながら
□ 포인트 ③：〜을/를 할 수 있다

〈주요 학습 내용〉
각 과에서 배워야 할 주요 학습 내용을
한눈에 정리해 두었습니다.

워밍업

학교 생활에서 가장 중요하다고 생각하는 것은 무엇입니까? (베스트 3)

(예) 공부, 인간관계, 학교 행사, 아르바이트 등……

1 제 1위 …   2 제 2위 …   3 제 3위 …

다음은 아르바이트 모집 안내입니다. (   ) 안에 들어갈 알맞은 표현을 보기에서 골라 써 봅시다.

보기
| A. 大歓迎 | B. 待遇 | C. 研修 | D. 明るく |
| E. 時給 | F. 要相談 | G. 貸与 | H. 好きな |

〈워밍업〉
본격적인 내용 학습에 앞서 간단한 테스트나
생각해볼 주제를 통해 학습 동기를 부여할 수
있도록 하였습니다.

미션

다음 글을 읽고 틀린 곳을 찾아 봅시다.

わたしは大学に入ってから、昼間はサークル、夜は深夜のアルバイト
をしていていました。アルバイトが終わって家に着くと夜の２時を過ぎ
ていますので、洗ってすぐ寝てしまいました。 포인트①
勉強は全然しませんでした。しかし、今学期、単位を５つも落としな
がら、自分のしてきたことを後悔しました。 포인트②
大学は高校と違って試験の結果によって、Ｆがでることができますの
で、来学期は勉強に集中しようと思います。 포인트③

〈미션〉
짧은 글을 읽고 그 안에서 스스로 잘못된
부분을 찾아보면서 미션을 수행해볼 수 있도록
구성하였습니다.

〈포인트〉

미션 부분의 정답과 함께 자세한 설명을 실어 놓아 이해할 수 있도록 하였습니다. 또한, 더 알아두어야 할 보충내용은 step을 통해 설명하였습니다.

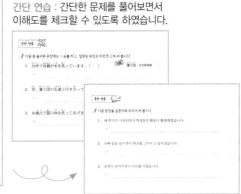

간단 연습 : 간단한 문제를 풀어보면서 이해도를 체크할 수 있도록 하였습니다.

문장 연습 : 문장으로 연습해 볼 수 있는 문제를 풀어보면서 실력을 점검할 수 있도록 하였습니다.

〈작문 연습〉

하나의 주제를 가지고 그 과에서 배운 표현을 사용하여 자유롭게 작문해 보며 정리할 수 있도록 하였습니다.

〈종합문제〉

중간고사(1~6과)와 기말고사(7~12과)에 맞춰 두 번의 종합문제를 실어 시험에 대비할 수 있도록 하였습니다.

〈부록 _ 정답〉

각 과의 간단 연습과 문장 연습, 그리고 종합문제의 정답을 실어 놓아 확인할 수 있도록 하였습니다.

목차

• 교사용 지침서는 '시사일본어사 홈페이지(www.sisabooks.com/jpn) – 고객센터 – 자료실'에서 다운로드 받으실 수 있습니다.

학습 구성표

과	제목	학습 내용
1	今年の目標 올해의 목표	① 원고지 사용법 ② 旧字体 ③ 上手だ・得意だ / 下手だ・苦手だ ④ 동사 + と
2	アルバイト 아르바이트	① 洗う ② ～ながら ③ -ㄹ 수(가) 있다
3	学校生活とストレス 학교생활과 스트레스	① ～年生 / ～年生まれ ② おごる ③ 풀리다 / 풀다 ④ -たち
4	試験 시험	① 한자어 + 하다 ② せっかく ③ 어떤 ④ 熱心にします
5	住まい 주거	① アパート・団地・マンション ② ～에서 ③ 便利 / 不便 ④ ～し / ～て
6	結婚 결혼	① ～ぶり ② いっしょに ③ 気分 / 気持ち ④ 신기하다
	종합문제 1	1과 ～ 6과 종합문제

과	제목	학습 내용
7	ファッション 패션	① ～ようになる ② ～ほしい / ～たい ③ 考える / 思う ④ ～같다
8	お酒 술	① さっき / さき ② 일 ③ 好きだ・いい / 嫌いだ・嫌だ ④ 아프다 / 痛い
9	就職活動 취직활동	① ～ている / ～てある ② 塾 ③ ～とか ④ 役に立つ / 助けになる / 助かる
10	ペット 애완동물	① する / やる ② ～なくて / ～ないで ③ あげる / くれる / もらう ④ おしい / 残念だ
11	習い事 배우고 싶은 것	① よく～ ② ～か ③ ～てみる ④ 行く / 来る / 帰る / 戻る
12	食文化 식문화	① に / で ② こと / もの ③ 知る / わかる
	종합문제 2	7과 ～ 12과 종합문제

今年の目標
ことし　もくひょう

주요 학습 내용

- □ 포인트 ① : 원고지 사용법
- □ 포인트 ② : 旧字体
  きゅう じ たい
- □ 포인트 ③ : 上手だ・得意だ / 下手だ・苦手だ
  じょうず　とく い　へた　にが て
- □ 포인트 ④ : 동사 + と

🧶 다음 질문에 답해 봅시다.

1. 올해의 목표는 무엇입니까? 예를 참고하여 「～こと」로 끝나는 문장으로 써 봅시다.

　예 1人で日本旅行をすること
　　 ひとり　に ほんりょこう

2. 현재 일본에서 일반적으로 사용되는 한자에는 ○표, 그렇지 않은 한자에는 ×표를 해 봅시다.

¹ A 雪(　) B 雪(　)　　² A 海(　) B 海(　)

³ A 神(　) B 神(　)　　⁴ A 送(　) B 送(　)

미션

다음 글을 읽고 틀린 곳을 찾아 봅시다.

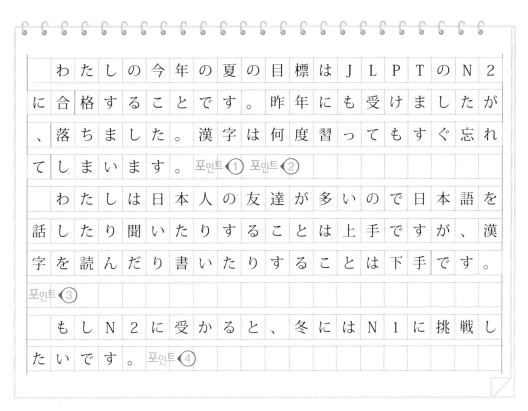

わたしの今年の夏の目標はＪＬＰＴのＮ２に合格することです。昨年にも受けましたが、落ちました。漢字は何度習ってもすぐ忘れてしまいます。 포인트 ① 포인트 ②

わたしは日本人の友達が多いので日本語を話したり聞いたりすることは上手ですが、漢字を読んだり書いたりすることは下手です。 포인트 ③

もしＮ２に受かると、冬にはＮ１に挑戦したいです。 포인트 ④

🐟 어휘 및 표현

合格する 합격하다
ごうかく

挑戦 도전
ちょうせん

# 포인트 ① 원고지 사용법

정답

に	合	格	す	る	こ	と	で	す	。	昨	年	に	も	受	け	ま	し	た	が
、落	ち	ま	し	た	。													⇒	が、

해설

위와 같은 용지를 원고지(原稿用紙)라고 합니다. 원고지는 현재 입학시험이나 취업할 때 실시되는 논문 시험에서도 사용되고 있기 때문에 정해진 방법대로 쓰지 않으면 감점이 될 수도 있습니다. 원고지의 한 칸을 「マス」라고 부르는데, 구두점이나 괄호 등의 기호는 1マス에 씁니다. 단, 닫는 괄호(」)와「。」은 1マス안에 같이 씁니다. 행(行)의 첫 マス에 오는 경우에는 앞 행의 마지막에 같이 씁니다.

가로 쓰기

예1　、。( )「 」『 』

、	。	(	)	「	」	『	』

예2

咲	は	「	あ	っ。	と	言	っ	た	。

예3

母	は	「	早	く	ご	飯	食	べ	て	ね。」
と	お	父	さ	ん	を	呼	び	ま	し	た。

세로 쓰기

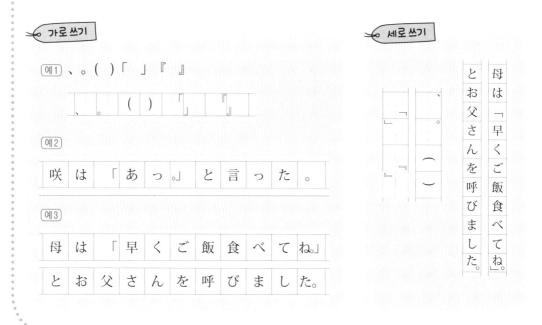

母は「早くご飯食べてね。」
とお父さんを呼びました。

1step

🔍 원고지에 글을 쓸 때의 기본적인 5가지 규칙을 소개합니다.

① 단락의 맨 처음은 1マス 비운다.

② 촉음「っ/ッ」, 요음「や・ゆ・よ/ヤ・ユ・ヨ」, 장음「ー」은 1マス에 쓴다.

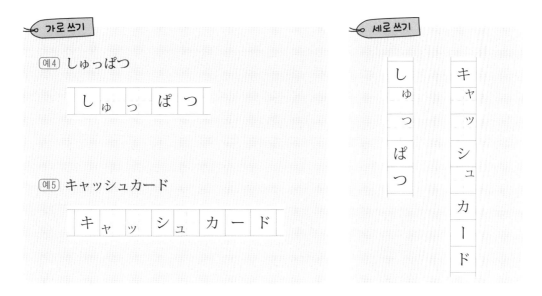

③ 알파벳은 1マス당 2글자씩 써야 하는 규칙이 있다. 단, 대문자는 1マス당 1글자씩 쓴다.

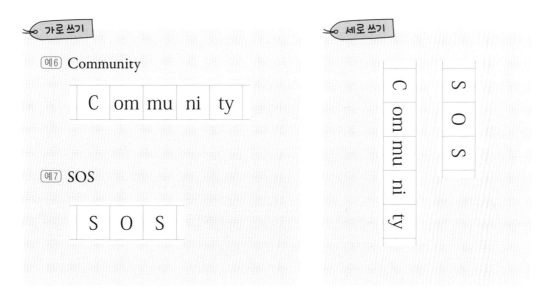

④ 숫자는 1マス당 2글자씩 쓴다. 단, 한자리 숫자나 한자로 표기할 경우 1マス당 1글자씩 쓴다.

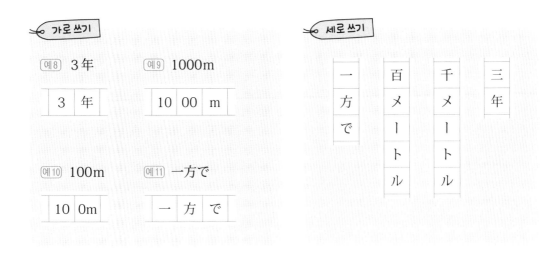

⑤ 공식적인 문서에서는 「?」, 「!」를 사용하지 않는다.

🔍 문어체는 「です・ます체」와 「だ・である체」가 있습니다. 일반적으로 신문, 보고서, 논문 등에서는 「だ・である체」를 씁니다.

	です・ます체		だ・である체	
	현재	과거	현재	과거
명사	学生^{がくせい}です	学生^{がくせい}でした	学生^{がくせい}だ / 学生^{がくせい}である	学生^{がくせい}だった / 学生^{がくせい}であった
い형용사	かわいいです	かわいかったです	かわいい	かわいかった
な형용사	静^{しず}かです	静^{しず}かでした	静^{しず}かだ / 静^{しず}かである	静^{しず}かだった / 静^{しず}かであった
동사	行^いきます	行^いきました	行^いく	行^いった
추측	食^たべるでしょう	食^たべたでしょう	食^たべるだろう / 食^たべるであろう	食^たべただろう / 食^たべたであろう

✏️ 다음 문장을 「だ・である체」로 바꾸어 써 봅시다.

1. 今回は成功でしたが、前回は失敗しました。(である체로)

   → _____

2. 明日は面接ですから、早く寝たほうがいいです。(だ체로)

   → _____

3. 彼の返事はありませんでしたし、電話も出ません。(だ체로)

   → _____

4. 世界的に夏の気温が上がるでしょう。(だ체로)

   → _____

문장 연습

✏️ 다음 문장을 원고지에 올바르게 써 봅시다.

2050年の日本についてSmith氏は「高齢化率が20％から40％へ上がるだろう。」と述べた。

포인트 ② 旧字体(きゅうじたい)

정답

▪ 漢字(かんじ)は何度(なんど)習(なら)ってもすぐ忘(わす)れてしまいます。
　　　⇒ 習(なら)

해설

현재 일본에서 쓰는 한자는 「新字体(しんじたい)」라고 합니다. 그 반면에 「旧字体(きゅうじたい)」는 1946년 이전에 사용된 한자를 가리킵니다. 「旧字体(きゅうじたい)」는 현재 사람 이름과 지명에만 쓰이고, 그 외에는 「新字体(しんじたい)」로 쓰는 것이 기본입니다. 일본어 한자를 한국의 인터넷 사이트 등에서 찾아 보면 「旧字体(きゅうじたい)」로 표시되어 있는 경우가 많으므로 주의해야 합니다. 또한 일본에서는 공시적인 문서에서는 「明朝体(みんちょう)(명조체)」를 사용하지만, 컴퓨터에서 보이는 서체는 실제 한자와 다른 경우가 있을 수 있으므로 주의해야 합니다.

● 旧字体(きゅうじたい)와 틀리기 쉬운 한자 22 (※　　부분 부수가 旧字体(きゅうじたい))

	1	2	3	4	5	6	7	8	9	10	11
新字体	飲	毎	社	国	楽	漢	来	練	乗	学	青
旧字体	飲	每	社	國	樂	漢	來	練	乘	學	靑

	12	13	14	15	16	17	18	19	20	21	22
新字体	羽	逸	営	単	真	売	侵	将	対	齢	説
旧字体	羽	逸	營	單	眞	賣	侵	將	對	齡	說

〈참고 사이트 : http://www.benricho.org/moji_conv/14_shin_kyu_kanji.html〉

● 명조체 서체로 인해 볼 수 있는 잘못된 예

	컴퓨터 명조체 서체	학생이 쓴 한자	올바른 예
예1	述	述	述
예2	海	海	海
예3	算	算	算

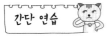

간단 연습

✎ 실제로 학생이 쓴 한자를 보고, 올바르지 않은 부분을 찾아 봅시다.

① 韓國 ② 學生 ③ 發 ④ 遊 ⑤ 薄

⑥ 漢 ⑦ 靑 ⑧ 層 ⑨ 半 ⑩ 北

✎ 다음 문장의 「旧字体」를 「新字体」로 바꾸어 써 봅시다.

1. 消毒して、虫歯を抜いた後、安靜にしているよう說明を受けました。

   →　_____

2. 最近、会社の狀態が悪化し、経營がうまくいっていません。

   →　_____

3. 雪の中、車に乗って通勤することは簡單ではありません。

   →　_____

4. 將來は音樂の先生になりたいので、試驗に受かるよう毎日ピアノを
   彈く練習をしています。

   →　_____

정답

- 日本語を話したり聞いたりすることは**上手**ですが、漢字を読んだり書いたり
  ⇒ 得意ですが

することは**下手**です。
  ⇒ 苦手です

해설

「上手だ」와 「得意だ」는 '잘하다, 능숙하다'라는 뜻이고, 「下手だ」와 「苦手だ」는 '잘 못하다,
서투르다'라고 해석할 수 있지만 다음과 같은 차이점이 있습니다.

- 上手だ : 능력을 높게 평가할 때 사용
- 下手だ : 능력을 낮게 평가할 때 사용

Tip 기본적으로 아랫사람이 윗사람의 직무 기량을 평가
하면 실례가 된다.
「先生、上手に教えますね」(×)

- 得意だ : 자신의 능력이나 기능에 대해 자신이 있을 때 사용 ('좋아한다'는 뜻도 포함)
- 苦手だ : 자신의 능력이나 기능에 대해 자신이 없을 때 사용 ('싫어한다'는 뜻도 포함)

예1 山田さんはお酒が下手です。(×)

山田さんはお酒が苦手です。(○) ← 자신이 없다 + 싫어하다

예2 この絵は得意に描けていますね。(×) ← 평가할 때 : 得意(×)

この絵は上手に描けていますね。(○)

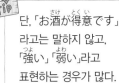

Tip 단, 「お酒が得意です」
라고는 말하지 않고,
「強い」「弱い」라고
표현하는 경우가 많다.

1step

🔍 「上手だ」는 자신에게 쓰면 자만하는 느낌이 있기 때문에 피하는 것이 좋습니다. 그리고 「苦手だ」는 싫어하는 것을 돌려서 말하고 싶을 때도 사용할 수 있습니다.

예1　A　特技は何ですか。

　　　B　語学です。わたしは英語が上手です。(×) ← （（대략 읽히지 않는 텍스트））

　　　→ 語学です。わたしは英語が得意です。( )

예2　山田さんは田中さんが苦手です。( )

예3　子どものころからピーマンが苦手でした。( )

2step

🔍 공부에는 「できる・できない」를, 교과목에는 「得意だ・苦手だ」를 사용한다는 것도 함께 알아두세요.

예1　わたしは勉強が上手です。(×)
　　　わたしは勉強ができます。( )

예2　数学が下手です。(×)
　　　数学が苦手です。( )

다음 ( ) 안에 들어갈 알맞은 표현을 골라 봅시다.

1. わたしは生_{なま}ものが（　　　　　）なので、刺_{さし}身_みは食_たべられません。

   ⓐ 下_{へた}手　　　　　　　　　ⓑ 苦_{にが}手_て

2. このケーキ、（　　　　　）に焼_やけましたね。

   ⓐ 上_{じょうず}手　　　　　　　　　ⓑ 得_{とく}意_い

3. わたしの趣_{しゅ}味_みは料_{りょう}理_りです。特_{とく}にハンバーグが（　　　　　）です。

   ⓐ 上_{じょうず}手　　　　　　　　　ⓑ 得_{とく}意_い

다음 문장을 일본어로 바꾸어 써 봅시다.

1. 교과목 중에 특히 과학을 잘했습니다.

   →＿＿＿＿＿＿＿＿＿＿＿＿＿＿＿＿＿＿＿＿＿＿＿＿＿＿

2. 술을 잘 못해서 한 잔만 마셔도 얼굴이 빨개집니다.

   →＿＿＿＿＿＿＿＿＿＿＿＿＿＿＿＿＿＿＿＿＿＿＿＿＿＿

3. (면접 때) 저는 컴퓨터로 동영상을 만드는 것을 잘합니다.

   →＿＿＿＿＿＿＿＿＿＿＿＿＿＿＿＿＿＿＿＿＿＿＿＿＿＿

포인트 ④ 동사 + と

 정답

- もしＮ２に受かると、冬にはＮ１に挑戦したいです。
  ⇒ 受かったら

해설

한국어의 '~(으)면'을 일본어로 말할 때 뜻과 용법에 따라「～と」,「～ば」,「～たら」,「～なら」의 네 가지로 표현할 수 있습니다. 그 중에서「～と」는 습관, 자연현상, 기계 사용법 등이나 발견을 표현할 때 자주 사용합니다. 하지만「～と」는「～ください」,「～ようだ」,「～はずだ」,「～ほしい」처럼 말하는 사람의 의지를 나타내는 표현이 뒷문장에 올 때는 사용할 수 없습니다.

예1 朝起きると、まずトイレに行きます。 ← 습관

春になると、桜が咲きます。 ← 자연현상

電源を切ると、音が鳴ります。 ← 기계 사용법

ドアを開けると、男の子がいました。 ← 발견

예2 もし100万円あると、何がしたいですか。(×) ← 의지(희망)「～といい」

もし100万円あったら、何がしたいですか。(○)

예3 犯人を見ると、警察に通報してください。(×) ← 의지(의뢰)「～と(×)」

犯人を見たら、警察に通報してください。(○)

헷갈릴 때는「～たら」를 사용하자!「～たら」는「～と」,「～ば」,「～なら」와 비교해서 제일 허용도가 넓고 사용하기 쉽기 때문이다.

✎ 다음 ( ) 안에 들어갈 알맞은 표현을 골라 봅시다.

1. 深夜、家に（　　　　　　　　）、母が怖い顔で待っていました。

   ⓐ 帰ると　　　　　　　　　　ⓑ 帰れば

2. お金に余裕が（　　　　　　　）、購入したいですが、今は無理です。

   ⓐ あると　　　　　　　　　　ⓑ あったら

3. 海外でパスポートを（　　　　　　）、日本大使館に連絡するようにしてください。

   ⓐ なくすと　　　　　　　　　ⓑ なくしたら

✎ 다음 문장을 일본어로 바꾸어 써 봅시다.

1. 내년이 되면 내 조카가 대학교에 진학합니다.

   → _____

2. 만약 복권에 당첨되면 세계 일주 여행을 하고 싶습니다.

   → _____

3. 봄이 되면 벚꽃이 핍니다.

   → _____

★ 다시 미션으로 돌아가서 자연스러운 일본어로 고쳐 봅시다.

작 문 연 습

여러분의 현재 목표는 무엇입니까? 또 일본어를 공부해서 장래에 어떤 일을 하고 싶습니까? 이 과에서 배운 표현을 사용하여 '나의 목표'를 주제로 작문해 봅시다.

MEMO

2 アルバイト

주요 학습 내용

□ 포인트 ① : 洗^{あら}う

□ 포인트 ② : ～ながら

□ 포인트 ③ : −ㄹ 수(가) 있다

워밍업

🧶 다음 질문에 답해 봅시다.

1. 학교 생활에서 가장 중요하다고 생각하는 것은 무엇입니까? (베스트 3)

   (예) 공부, 인간관계, 학교 행사, 아르바이트 등

   1 제 1위 …   2 제 2위 …   3 제 3위 …

2. 다음은 아르바이트 모집 안내입니다. (   ) 안에 들어갈 알맞은 표현을 보기에서
   골라 써 봅시다.

   보기

A. 大歓迎^{だいかんげい}	B. 待遇^{たいぐう}	C. 研修^{けんしゅう}	D. 明^{あか}るく
E. 時給^{じ きゅう}	F. 要相談^{ようそうだん}	G. 貸与^{たい よ}	H. 好^すきな

桜Café スタッフ募集

桜Caféでは、現在 (1　　　)て接客が (2　　　) スタッフを募集しています。

年齢：18歳以上

経験：未経験者 (3　　　)

(4　　　)：950円 [(5　　　) 時は850円]

勤務時間：7：00 ～ 20：00の間で4時間以上 [(6　　　)]

勤務日：週3日以上、土日祝日できる方大歓迎 [(6　　　)]

(7　　　)：制服 (8　　　)、食事補助

📌 다음 글을 읽고 틀린 곳을 찾아 봅시다.

　　わたしは大学に入ってから、昼間はサークル、夜は深夜のアルバイト
をしていました。アルバイトが終わって家に着くと夜の2時を過ぎてい
ますので、洗ってすぐ寝てしまいました。포인트①

　　勉強は全然しませんでした。しかし、今学期、単位を5つも落としな
がら、自分のしてきたことを後悔しました。포인트②

　　大学は高校と違って試験の結果によって、Fがでることができますの
で、来学期は勉強に集中しようと思います。포인트③

サークル 동아리　　単位 학점

洗^{あら}ってすぐ寝^ねてしまいました。

⇒ シャワーをして / シャワーを浴^あびて / お風呂^{ふ ろ}に入^{はい}って

해설

일본어의 「洗^{あら}う」에는 한국어의 '샤워를 하다'나 '목욕하다'의 뜻은 없습니다. 따라서 「シャワーをする / 浴^あびる」나 「お風呂^{ふ ろ}に入^{はい}る」라고 말해야 합니다. 또한 일본어에서는 「手^てを洗^{あら}う」,「体^{からだ}を洗^{あら}う」처럼 「○○を洗^{あら}う」와 같은 형태로 구체적인 목적어와 함께 사용합니다.

1 step

🔍 다음은 일본어와 대응하지 않는 예입니다.

예 • 머리를 감다 → 頭^{あたま}を洗^{あら}う

• 옷을 빨다 → 服^{ふく}を洗^{あら}う, 洗濯^{せんたく}する

• 쌀을 씻다 → 米^{こめ}をとぐ

• 설거지를 하다 → 食器^{しょっき}を洗^{あら}う, 洗^{あら}い物^{もの}をする

2 step

🔍 한국어에서는 '나쁜 짓을 그만하다'라는 뜻의 관용구를 '손을 씻다(手を洗う)'라고 표현하지만, 일본어에서는 「足を洗う(발을 씻다)」라고 표현합니다.

> 「足を洗う」 예
>
> 昔、暴力団の友達と付き合っていましたが、今は足を洗いました。(暴力団 : 조직폭력배)

간단 연습

✏️ 다음 중 올바른 문장에는 ○표를 하고, 잘못된 문장은 바르게 고쳐 봅시다.

1. 台所で母親が米を洗っています。(　　　)

　→ _____

2. 洗わないで学校に来ました。(　　　)

　→ _____

3. お風呂で猫の体を洗ってあげました。(　　　)

　→ _____

문장 연습

✏️ 다음 문장을 일본어로 바꾸어 써 봅시다.

1. 땀을 많이 흘려서 집에서 씻었습니다.

　→ _____

2. 오늘은 늦게 일어나서 머리를 감을 시간이 없었습니다.

    → _____

3. 빨간색 옷과 함께 빨아버려서 티셔츠가 빨갛게 물들었습니다.

    → _____

4. 밥을 먹기 전에는 꼭 손을 씻어야 해요.

    → _____

5. 설거지를 할 때는 고무장갑을 끼고 하는 것이 좋습니다.

    → _____

6. 쌀을 잘 씻고 지으면 맛있는 밥이 됩니다.

    → _____

포인트 ② ～ながら

정답

- 単位を５つも**落としながら**、自分のしてきたことを後悔しました。

  ⇒ 落として

해설

일본어「～ながら」의 해석이 항상 한국어로 '~(이)면서'가 되는 것은 아니라는 것을 알아두어야 합니다. 특히 미션에 나오는 이유를 나타내는「～ながら」를 일본어로는「～て」로 번역하는 경우가 많습니다. 하지만 동시 진행을 나타내는 예2 의 경우에서「～ながら」의 뜻은 '~(이)면서'가 됩니다.

예1 옛날 사진을 보면서 눈물이 났습니다.

   昔の写真を見ながら、涙が出ました。(×) ← 이유(×)

예2 밥을 먹으면서 텔레비전을 봅니다.

   ご飯を食べながら、テレビを見ます。(○) ← 동시 진행(○)

1step

🔍 앞문장 또는 뒷문장에「終わる」「始める」「(電気が)つく」「消える」「死ぬ」등의 순간 동사가 올 경우에는「～ながら」를 사용할 수 없습니다.

TIP
동작이 순간적으로 끝나는 동사를
'순간 동사'라고 한다.

예1 연수 마지막 날이 끝나면서 눈물이 나왔습니다.

研修の最終日が終わりながら、涙が出てきました。(×)

→ 研修の最終日が終わって、涙が出てきました。( )

예2 정전되면서 불이 꺼졌습니다.

停電になりながら、電気が消えました。(×)

→ 停電になって、電気が消えました。( )

2step

'~(이)면서'만이 가지는 특유의 뜻으로 '~이/가 계기가 되어'도 있습니다.

예 대학생이 되면서 공부가 재밌어졌습니다.

大学生になりながら、勉強がおもしろくなりました。(×)

→ 大学生になって、勉強がおもしろくなりました。( )

간단 연습

다음 중 올바른 문장에는 ○표를 하고, 잘못된 문장은 바르게 고쳐 봅시다.

1. 母は毎朝朝ご飯を作りながら、ラジオを聞いています。(　　)

　→ _____

2. 電気がつきながら、友達の顔がはっきり見えました。(　　)

　→ _____

3. 地震で揺れながら、窓ガラスが割れました。(　　)

　→ _____

다음 문장을 일본어로 바꾸어 써 봅시다.

1. 새 학기가 시작되면서 학생들의 활동이 활발해졌습니다.

   → _____

2. 선배의 말을 들으면서 학교를 그만두고 싶어졌습니다.

   → _____

3. 길에서 넘어지면서 다리를 다쳤습니다.

   → _____

포인트 ③ -ㄹ 수(가) 있다

- **Fがでることができます**

  ⇒ ことがあります / かもしれません

해설

한국어의 '-ㄹ수(가) 있다'를 일본어로 바꾸면 다음 두 가지의 의미가 있는데, 표현도 다르니 주의가 필요합니다. 또한, 주어가 사람이나 동물인 경우에는 능력(できる)의 의미가 된다는 것도 알아둡시다.

〈능력 및 허가〉 ～ことができる

〈일이 일어날 가능성〉 ～ことがある, ～かもしれない

미션에서는 성적에서 F가 나올 가능성이 있다는 뜻이기 때문에 「～ことができます」는 사용할 수 없습니다.

예1 회를 먹을 수 있습니다.
　　 刺身を食べることができます。

예2 비가 오면 시합이 취소될 수 있습니다.
　　 雨が降ったら試合がキャンセルになることがあります。

예3 두 번 다시 못 볼 수도 있다.
　　 もう二度と会えないかもしれない。

✎ 다음 (　　) 안에 들어갈 알맞은 표현을 골라 봅시다.

1. 参加人数によってはツアーがキャンセルになる（　　　　　）。

   ⓐ ことができます　　　　　ⓑ ことがあります

2. ここではたばこを吸う（　　　　　）。

   ⓐ ことができます　　　　　ⓑ かもしれない

3. 台風で楽しみにしていた旅行に行く（　　　　　）。

   ⓐ ことができませんでした　　ⓑ ことがありませんでした

✎ 다음 문장을 일본어로 바꾸어 써 봅시다.

1. 인터넷에서 사는 것이 쌀 수 있습니다.

   →　_____

2. 여기서는 음료수를 마실 수 있습니다.

   →　_____

3. 집이 어려워져서 더 이상 학교를 다닐 수 없습니다.

   →　_____

★ 다시 미션으로 돌아가서 자연스러운 일본어로 고쳐 봅시다.

작 문 연 습

여러분은 어떤 아르바이트를 하고 있습니까? 또는 하고 싶습니까? 이 과에서 배운 표현을 사용하여 '아르바이트'를 주제로 작문해 봅시다.

3 学校生活とストレス
がっこうせいかつ

주요 학습 내용

□ 포인트 ①：～年生 / ～年生まれ
　　　　　　ねんせい　　ねん う

□ 포인트 ②：おごる

□ 포인트 ③：풀리다 / 풀다

□ 포인트 ④：ーたち

◎ 다음 질문에 답해 봅시다.

1. 여러분은 어떨 때 스트레스를 느낍니까?

2. 여러분이 15살이었을 때 어떤 스트레스를 받았습니까?

ミッション

🔖 다음 글을 읽고 틀린 부분을 찾아 봅시다.

わたしは、最近まで休学していました。今、後輩たちと同じ授業を受けています。わたしと同じ19○○年生の友達は、ほとんどが4学年です。 포인트 ①

友達もいないし、授業では読まなければならない本たちが多くて大変です。 포인트 ④

それで、疲れたりストレスを感じたりすることも多いです。先週、わたしを心配した友達がランチを買ってくれました。 포인트 ②

それからカラオケに行きました。友達のおかげで疲れもストレスもすっかり解けました。とても嬉しかったです。 포인트 ③

🐟 어휘 및 표현

授業を受ける 수업을 듣다　　カラオケ 노래방　　おかげで 덕분에　　すっかり 완전히

포인트 ① ～年生 / ～年生まれ

정답

- わたしと同じ19○○**年生**の友達
  ⇒ 年生まれの

- ほとんどが4**学年**です。
  ⇒ 4年生

해설

몇 년생인지를 말할 때는「～年生まれ」를 사용해야 합니다. 또한,「～年生」는 '학년'을 말할 때 사용하는 표현입니다.

간단 연습

✎ 다음 질문에 답해 봅시다.

1. 何年生まれで何年生ですか。

   →

2. 家族は何年生まれですか。

   →

3. 年号で考えてみましょう。何年生まれですか。

   →

年号란?

해에 붙이는 칭호로, 일본에서는 645년 「大化」로 시작되었다. 일세일원(一世一元) 제도(한 명의 천황에 하나의 연호)이며, 현재는 황위계승(천황이 바뀌었을 때) 때에 한하여 바꾸지만, 「明治」이전에는 큰 재난이 일어났을 때 등에 바꾸기도 했다. 일본어로 「元号」라고도 한다. 현재 기업에 내는 이력서나 관공서에 내는 서류 등에 주로 쓰이고 있다.

★ 계산법 : 昭和의 경우 「-25」 (예 : 1983년생 → 83-25 = 昭和 58년)
　　　　　平成의 경우 「+12」 (예 : 1997년생 → 97+12 = 平成 9년)

〈年号를 사용하는 예〉

したことを証明します

合格認定日　　　平成23年　6月26日
　　　　　　　　（2011年）

発行日　　　　平成23年　6月26日

の業務効率化を図るため、下記の期間は軽装にて執務させていただいております。ご理解をお願い致します。

記
平成28年6月1日～10月31日

平成28年度
公益信託
福原記念英米文学
研究助成基金
応募締切 平成28年10月末日

下記の事由により欠席いたしますのでお届けいたします

記

1.　欠席（実習）期間　　平成　　年　　月　　日（　）
　　　　　　　　　　　平成28年　9月14日（水）～10月1日（エ）

2.　欠席事由　　□　教育実習　　　　　□　教育実習事前打合わせ
　　　　　　　　□　介護体験実習（特別支援学校）　□　介護体験実習（福祉施設
　　　　　　　　☑　日本語教育実習　　□　社会教育実習

実習先名　韓国　平澤大学校

포인트 ② おごる

정답

・ランチを買(か)ってくれました。

　　　⇒ おごって

해설

기본적으로 상대방에게 식사 등을 사준다는 것을 표현할 때는 「おごる」를 사용합니다. 「ご飯(はん)を買(か)う」라는 표현은 편의점 등에서 구입만 하고 그 자리에서는 먹지 않는다는 뜻이 담겨져 있습니다.

1step

🔍 선생님 등 손윗사람에게는 「ごちそうします」, 「ごちそうさせてください」를 사용합니다.

TIP

「割(わ)り勘(かん)」은 금액을 인원수로 등분하여 내는 것을 말하는데, 예를 들어 회식비 계산이나 피자 등 큰 요리의 금액을 계산할 때 주로 사용한다. 그에 반해 「別払(べつばら)い」는 각자 계산하는 것을 가리킨다.

포인트 ③ 풀리다 / 풀다

 정답

▪ 疲れも、ストレスもすっかり**解けました**。
　　　　　　　　⇒ 発散されました / 発散できました
　　　　　　　　⇒ 解消されました / 解消できました

해설

[풀리다/풀다]는 일본어로 어떻게 표현할까요? 우선 [풀리다]를 사전에서 찾아 보면 다음과 같습니다.

　　〈풀리다〉
　1. (結び目が)ほどける
　2. ほぐれる、消える
　3. (疑い・誤解が)なくなる、晴れる
　4. (問題が)解ける
　5. (怒り・恨みが)なくなる、晴れる
　6. (禁令・職位などが)解除される
　7. (寒さが)和らぐ、緩む
　8. (液体に粉などが)溶ける

위와 같이 한국어의 [풀리다]는「解ける」로만 쓰이는 게 아니라, 이 외에도 많은 뜻이 있습니다. 뜻을 전부 기억하는 것은 어려우므로, 자주 사용하는 뜻 위주로 외워둡시다.

예1　疲れをとる / 疲れがとれる

예2　ストレスを解消 / 発散する

1step

🔍 「解ける」는 일반적으로 예1과 같이 사용되며, 그 외에 몰랐던 것이 뚜렷해진다는 의미로도 사용됩니다.

예1 緊張が解ける 긴장이 풀리다

예2 疑いが解ける 혐의가 풀리다
問題が解ける / 問題を解く 문제가 풀리다 / 문제를 풀다
暗号が解ける 암호가 풀리다

예3 ひもが解ける 끈이 풀리다

예4a （テストなど）問題が解ける ⎫
예4b （トラブルなど）問題が解決する ⎬ 문제가 풀리다

2step

🔍 그 외에 「よくなる(좋아지다)」, 「やわらぐ(풀리다, 완화되다)」등의 표현으로 해석되는 경우도 많습니다.

예 날씨가 풀리다 → （寒さが和らいで）少し温かくなる
경기가 풀리다 → （悪かった）景気が少し良くなる・少し回復する
일이 풀리다 → （大変だった）仕事 / 物事がうまくいく
화가 풀리다 → 怒りがおさまる

🖊 다음 (   ) 안에 들어갈 알맞은 표현을 써 봅시다.

1. 温泉に入って疲れが（　　　　　）。

2. ずっと緊張していたけど、やっとその緊張が（　　　　　）。

3. 左の靴ひも、（　　　　　）よ。

4. おすすめのストレス（　　　　　）法を教えてください。

문장 연습 📖

🖊 다음 문장을 일본어로 바꾸어 써 봅시다.

1. 3월이 돼서 날씨가 풀렸네요.

   → _____

2. 시험 문제 다 못 풀었어요.

   → _____

3. 이대로 경기가 안 풀리면 큰일이다.

   → _____

4. 문제점이 하도 많아서 풀기가 쉽지 않다.

   → _____

5. (친구와 싸움 중인 사람에게) 대화를 잘해보면 풀리지 않을까?

   → _____

정답

▪ 授業では読まなければならない本たちが多くて大変です。
⇒ 本が

해설

기본적으로「ーたち」는 사람에게 사용하지만, 생물에게도 사용할 수 있습니다. 그러나「本」등의 '물건'이나「問題」와 같은 추상적인 것에는「ーたち」를 사용할 수 없습니다. 또한,「家族」,「グループ」처럼 원래 복수의 의미를 포함하고 있는 단어에도 사용할 수 없습니다.

예1　学生たち　友達たち　野生のバッファローたち (○)

예2　やらなければならないことたち (×)

예3　わたしたちたち (×)

1step

🔍「ーたち」이외에 '~들'이라는 복수의 뜻을 나타낼 때「ーども」,「ーがた」,「ーら」도 사용됩니다.

예1　(호텔이나 비즈니스 상황에서) わたくしども

예2　そちらの方々　先輩方

예3　医者たち　医者ら (뉴스나 신문 등에서 주로 사용)

예4　お前たち　お前ら (상대방을 내려다보는 듯한 뉘앙스로 사용)

예5a　彼たち(△)　彼ら(○) (습관적으로「ーら」를 많이 사용)

예5b　彼女たち(○)　彼女ら(○)

다음 문장을 읽고, '~들' 부분에 들어갈 알맞은 일본어 표현을 골라 써 봅시다. (※중복 가능)

たち　　　　ども　　　　がた　　　　ら　　　　φ（なし）

1. 문제들(　　　　)이 많아서 힘들다.

2. 40대 여성 분들(　　　　)을 위한 상품입니다.

3. 전부 다 너희들(　　　　) 탓이야!

4. 저희들(　　　　)은 손님들(　　　　)을 정성껏 모시겠습니다.

5. 그 친구가 가진 많은 차들(　　　　)은 거의 다 외국산이다.

6. 이 구역에는 아이들(　　　　)이 많이 있습니다.

2 step

'이 결과들을 보십시오'를 일본어로 바꾸면 「-ら」를 써서 「これらの結果(けっか)を見(み)てください」가 됩니다. 이처럼 「-たち」는 '결과' 등의 추상적인 것에는 사용할 수 없습니다.

✏️ 다음 문장을 일본어로 바꾸어 써 봅시다.

1. 이런 실수들을 두 번 다시 반복하지 않도록 하자.

   →
   _____

2. 이것은 탐험가의 신기한 경험들을 기록한 책입니다.

   →
   _____

3. 이런 문제들을 푸는 방법은 하나밖에 없다.

   →
   _____

3 step

🔍 보통 문장의 맨 앞에는 「人たち」를 사용할 수 없습니다. '사람들이/사람들은~'이라고 시작하고 싶을 때는 「人々」라고 하거나 그냥 「人」를 사용해야 합니다. 「人たち」는 연체 수식어로만 사용할 수 있습니다(→ 예4 참조).

예1 (×) 人たちがたくさんいます → たくさんの人たちがいます / 人がたくさんいます

예2 (×) 人たちに愛と勇気を伝えたい → 人々に愛と勇気を伝えたい

예3 (×) 人たちが休む場所 → 人々が休む場所

예4 (◯) 浴衣を着た人たち (연체 수식어)

> 많은 + 명사 : 多くの / たくさんの + 명사
>
> 多くの人たち (◯)   多い人たち (×)

✏️ 다음 문장에서 밑줄 친 부분을 일본어로 바꾸어 써 봅시다.

일본에 가서 아주 좋았던 것은 <u>사람들</u>이 매우 친절했다는 것입니다. 가기 전까지 내가
                         ①(   )

생각했던 일본의 이미지는 사람들은 자존심이 높고, 정이 있는 나라가 아니었습니다.
                  ②(   )

하지만 그것은 오해였습니다. 많은 사람들 덕분에 정말로 좋은 <u>추억들</u>이 생겼습니다.
                    ③(   )   ④(   )

이러한 <u>경험들</u>을 통하여 실제로 체험하는 것이 중요하다는 것을 알게 되었습니다.
  ⑤(   )

이번에 유학을 권해주신 <u>교수님들</u>께 정말 감사합니다.
                  ⑥(   )

그리고, <u>후배들</u>에게는 학창시절에 여행을 많이 할 것을 권하고 싶습니다.
  ⑦(   )

하나 더 생각한 것은 <u>가족들</u>에 대한 감사입니다.
              ⑧(   )

떨어지고 나서 깨달았습니다만, 정말로 감사합니다.

★ 다시 미션으로 돌아가서 자연스러운 일본어로 고쳐 봅시다.

작 문 연 습

여러분은 어떤 이유로 스트레스를 받습니까? 여러분의 스트레스 해소법과 여러 가지 스트레스 해소법 중 재미있는 것을 소개해 보고, 자신에게 있어서 어떤 효과가 있는지 이번 과에서 배운 표현을 사용하여 '스트레스'를 주제로 작문해 봅시다.

MEMO

4 試験

주요 학습 내용

□ 포인트 ①: 한자어 + 하다

□ 포인트 ②: せっかく

□ 포인트 ③: 어떤

□ 포인트 ④: 熱心にします

다음 질문에 답해 봅시다.

1. 일본에서 테스트를 받을 때의 매너로서 올바른 것에는 ○표, 그렇지 않은 것에는 ×표를 해 봅시다.

   (1) 試験を受けるときには、ボールペンで書く。 　　　　　　　　　(　)

   (2) 試験ぎりぎりまで勉強した場合、シャワーを浴びていないので、帽子をかぶ
   っていく。 　　　　　　　　　　　　　　　　　　　　　　　　(　)

   (3) テスト中に質問があるときは手を挙げる。 　　　　　　　　　　(　)

   (4) テストが全然できなかった場合、先生にちゃんと謝る。 　　　　(　)

2. 일본어능력시험(JLPT)의 연습문제입니다. 문제를 풀어보고, 각 문제의 난이도도 예상해 봅시다.

(1) ここは（　　　　　）です。べんきょうできません。　＜N　　＞

　1 くらい　　　　　　2 さむい　　　　　　3 うるさい　　　　　4 あぶない

(2) （　　　　　）寝たので、気持ちがいい。　＜N　　＞

　1 すっかり　　　　　2 ぐっすり　　　　　3 はっきり　　　　　4 ぴったり

(3) この黒い種からどんな花がさくのだろうか。　＜N　　＞

　1 だね　　　　　　　2 たね　　　　　　　3 じゅ　　　　　　　4 しゅ

〈추가 문제 풀기 http://www.jlpt.jp/samples/forlearners.html〉

✎ 다음 글을 읽고 틀린 부분을 찾아 봅시다.

　　今年はJLPTのN2試験に合格したいです。去年は不合格してしまいました。포인트 ①

　　JLPTのために、1年間、せっかく時間をかけて勉強しました。포인트 ②
どんなときは、徹夜もしました。포인트 ③

　　N2は卒業のために必要するので、合格するために熱心にします！
포인트 ① 포인트 ④

(時間を)かける (시간을) 들이다　　徹夜 철야, 밤샘

포인트 ① 한자어 + 하다

 **정답**

- 去年は<ruby>不合格<rt>ふ ごうかく</rt></ruby>してしまいました。
  ⇒ 落ちてしまいました / 不合格でした

- N2は<ruby>卒業<rt>そつぎょう</rt></ruby>のために<ruby>必要<rt>ひつよう</rt></ruby>するので、
  ⇒ 必要なので

해설

「공부하다 = <ruby>勉強<rt>べんきょう</rt></ruby>する」처럼 한국어의 '하다'를 일본어의 「する」로 표현하는 것이 일반적이지만, 예외적인 경우도 있습니다. 모든 경우를 알아둘 필요는 없지만, 자수 쓰이는 표현은 외워두는 것이 좋습니다.

예1 '하다' 형용사

【ナ형용사】

필요하다 <ruby>必要<rt>ひつよう</rt></ruby>だ   유명하다 <ruby>有名<rt>ゆうめい</rt></ruby>だ   애매하다 あいまいだ   유창하다 <ruby>流暢<rt>りゅうちょう</rt></ruby>だ

【イ형용사】

얌전하다 おとなしい   굉장하다 すごい

예2 한국어로는 '되다'가 되지만, 일본어로는 「する」를 사용해야 하는 경우
후회되다 <ruby>後悔<rt>こうかい</rt></ruby>する   공통되다 <ruby>共通<rt>きょうつう</rt></ruby>する   모순되다 <ruby>矛盾<rt>むじゅん</rt></ruby>する

예3 「<ruby>不<rt>ふ</rt></ruby>〜」등이 붙으면「する」를 사용할 수 없는 경우도 많다.
(○)<ruby>合格<rt>ごうかく</rt></ruby>する   (×)<ruby>不合格<rt>ふ ごうかく</rt></ruby>する   (○)<ruby>得点<rt>とくてん</rt></ruby>する   (×)<ruby>無失点<rt>む しってん</rt></ruby>する
(×)<ruby>不買<rt>ふ ばい</rt></ruby>する   (×)<ruby>不変<rt>ふ へん</rt></ruby>する   (×)<ruby>不平<rt>ふ へい</rt></ruby>する

🔍 「参席する(참석하다)」는 그다지 쓰이지 않는 표현이므로, 「参加する」「出席する」 등을 쓰는 것이 자연스럽습니다.

간단 연습

✏️ 다음 문장 중 틀린 곳을 찾아 바르게 고쳐 봅시다.

1. 一生懸命練習しましたが、コンテストで不合格してしまいました。

　→ _____

2. あなたの話は矛盾されています。

　→ _____

3. 人間の基本的な感情は不変します。

　→ _____

문장 연습

✏️ 다음 문장을 일본어로 바꾸어 써 봅시다.

1. 나중에 후회되는 일이 없도록 열심히 공부하세요.

　→ _____

2. 그녀는 유창하게 말했다.

　→ _____

3. 회의에 참석하세요.

　→ _____

포인트 ② せっかく

▪ せっかく時間をかけて勉強しました。

⇒ 勉強したのに（だめでした）

해설

「せっかく」는 우리가 흔히 생각하는 '모처럼'이라는 뜻으로만 해석할 수 있는 것은 아닙니다.

• せっかく : 가치를 인정할 때 사용
• 모처럼 : 그것이 '드문 일'이라는 것을 표현할 때 사용

「せっかく」는 크게 두 가지 문형이 있습니다.

문형 1　せっかく●●●のに★★★だ

예　せっかく桜の花が咲いたのに、今週はテストだ。
모처럼 벚꽃이 피었는데, 이번 주는 시험이다.

문형 2　せっかく●●●(だ)から☆☆☆しよう

예　せっかく桜の花が咲いたから、テストでもお花見をしよう。
모처럼 벚꽃이 피었으니까, 시험이라도 벚꽃놀이를 가자.

※ '모처럼'이라는 뜻으로 사용되지 않는 경우

예1　(○) せっかくスタイルがいいのに、服のセンスが悪い。

→ (✕) 모처럼 몸매가 좋은데 패션 감각이 안 좋다.

예2　(○) せっかくの美人が泣いたらブスになるよ。

→ (✕) 모처럼 미인인데 울면 호박이 된다.

> Tip
> 「せっかく」의 포인트는
> 「もったいない」의 감정
> 인지 아닌지가 중요!

1step

🔍「せっかくの」의 형태로도 사용할 수 있습니다.

예1 せっかくのお話ですが…。 모처럼의 이야기지만….

예2 せっかくのチャンスを活用しなさい。 모처럼의 찬스를 활용하세요.

간단 연습

✎ 다음 중 올바른 문장에는 ○표, 그렇지 않은 문장에는 ×표를 해 봅시다.

1. せっかく雨が降った。 （　　　）

2. せっかくお弁当を作ったのに、雨が降って外に行けない。 （　　　）

3. せっかくたくさん勉強したから、合格したい。 （　　　）

4. せっかく留学しているのに時間だけが過ぎていく。 （　　　）

문장 연습

✎「せっかく」를 사용하여 일본어 문장을 만들어 봅시다.

1. せっかく〜のに

　→ _____

2. せっかく〜(だ)から

　→ _____

3. せっかくの

　→ _____

 정답

▪ **どんな**ときは、徹夜もしました。

⇒ ある

해설

한국어의 '어떤'은 일본어로는 내용에 따라 「どんな」 또는 「ある」 등으로 표현할 수 있습니다.

- 「どんな」 … 의문 또는 부정을 나타내며, 「どんな〜も」의 형태로도 많이 쓰임
- 「ある」 … 명백한 이름 등을 말하지 않고 무언가를 가리킬 때 쓰임

예1 어떤 사람이 와서 말했습니다. → ある人が来て言いました。

예2 어떤 사람이 되고 싶습니까? → どんな人になりたいですか。

예3 먼 옛날, 어떤 곳에 할아버지와 할머니가 살고 있었습니다.
→ 昔々、あるところにおじいさんとおばあさんが住んでいました。

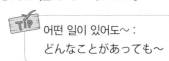
어떤 일이 있어도~ :
どんなことがあっても~

문장 연습

✎ 다음 문장을 '어떤'에 주의해서 일본어로 바꾸어 써 봅시다.

1. 어떤 스타일의 남자를 좋아해요?

→ _____

2. 어떤 분을 만나러 왔습니다.

    → _____

3. 한국 음식 중에는 어떤 음식을 좋아합니까?

    → _____

4. 어떤 오후

    → _____

5. **A** 나 오늘 학교에서 어떤 인물을 만났어.

    → _____

    B 어떤 인물이란 어떤 인물이야?

    → _____

熱心にします
ねっしん

 정답

▪ 合格するために**熱心にします**！
ごうかく　　　　　　ねっしん

⇒一生懸命勉強します / がんばります
いっしょうけんめいべんきょう

 해설

「熱心に」는 '열심히'라는 뜻의 한자를 그대로 일본어로 옮겨 놓은 표현입니다. '열심히 해!', '열
ねっしん
심히 하겠습니다' 등의 정해진 표현으로는 「がんばって!」 또는 「がんばります」라고 합니다.
'열심히'=「熱心に」가 완전히 틀린 표현은 아니지만, 일본어로는 「一生懸命」나 「がんばる」를
　　　　　　ねっしん　　　　　　　　　　　　　　　　　　　　いっしょうけんめい
사용하거나 상황에 따라 다양한 표현을 쓰는 것이 자연스럽습니다.
또한, '열심히'라는 표현을 전부 「熱心に」라고 하면 매우 딱딱한 인상을 주므로, 상황에 따라
　　　　　　　　　　　　　　ねっしん
잘 구분해서 사용해야 합니다.

TIP

熱心にしたので先生に
ねっしん　　　　　　せんせい
褒められました。(△)
ほ

ケーキを熱心に作りました。(△)
ねっしん　つく

熱心にしたのに不合格でした。(△)
ねっしん　　　　ふごうかく

先生、熱心に勉強します！(△)
せんせい　ねっしん　べんきょう

・「熱心」 : 대표적인 예로 「教育熱心なお母さん」이 있다. 「熱心にします」보다는 「熱心に○○する」 또는 「熱
　　ねっしん　　　　　　　　　　　きょういくねっしん　かあ　　　　　　　　　　ねっしん　　　　　　　　　　ねっしん　　　　　ねっ
　　心な○○」와 같이 사용한다. 또한, 자신에게는 사용하기 어렵다는 특징도 있다.
　　しん
・「一生懸命」 : 제일 많이 사용되는 표현이다. 다만 「一生懸命する」보다는 「一生懸命(に)○○する」처럼 문장
　　いっしょうけんめい　　　　　　　　　　　　　　　　　　　　いっしょうけんめい　　　　　　いっしょうけんめい
　　끝이 아닌 문장 처음에 사용한다.
・「頑張る」 : '화이팅'의 뜻으로 사용할 수 있으며, 보통 무겁지 않은 분위기에서 친구끼리 또는 친한 사이의
　　がんば
　　대화에 많이 사용된다. 문장 마지막에 사용하는 경우가 많다.

🔍 이력서 등을 쓸 때 「頑張る」를 지나치게 많이 쓰면 유치한 인상을 줄 수 있으므로 주의하는 것이 좋습니다. 「頑張ります」 대신에 「努力します」라는 표현을 사용할 수 있습니다.
「最善を尽くします」 등의 표현은 이력서에 주로 사용되지만, 이 표현 또한 많이 사용하면 과잉 표현이라는 인상을 줄 수 있기 때문에 마지막에 한 번 정도 사용하는 것이 좋습니다.

간단 연습

✏️ 다음은 이력서의 자기소개 글 중 일부분입니다. 밑줄 친 부분 중 잘못된 표현이 있다면 적절한 표현으로 고쳐 써 봅시다. (※고치지 않아도 되는 부분도 있음)

わたしは大学時代、がんばって日本語を勉強しました。

(　　　　　　　　　　　)

学費を稼ぐために夜にアルバイトをしながら、学校に通うのはたいへんでしたが、がんばりました。貴社に入社した際には自分のコミュニケーション

(　　　　　　　　　)

能力を生かして、貴社に貢献できるようがんばります。

(　　　　　　　　　　)

✏️ 다음 문장을 일본어로 바꾸어 써 봅시다.

1. 앞으로 열심히 하자.

    →

    _____

2. 20대 후반부터 30대까지는 아이들 교육에 열심인 세대입니다.

    →

    _____

3. 최선을 다해서 열심히 하겠습니다.

    →

    _____

★ 다시 미션으로 돌아가서 자연스러운 일본어로 고쳐 봅시다.

지금까지 어떤 시험을 치렀나요? 그 결과는 어떻게 되었습니까? 또 지금부터 어떤 시험을 치를 예정이며, 그 시험을 위해 어떠한 준비를 하고 있나요? 이번 과에서 배운 표현을 사용하여 '시험'을 주제로 작문해 봅시다.

5 住^すまい

주요 학습 내용

- □ 포인트 ① : アパート・団地^{だんち}・マンション
- □ 포인트 ② : ~에서
- □ 포인트 ③ : 便利^{べんり} / 不便^{ふべん}
- □ 포인트 ④ : ～し / ～て

 워밍업

다음 질문에 답해 봅시다.

1. 여러분은 혼자 살고 있습니까? 아니면 가족과 함께 살고 있습니까?

2. 다음 단어는 무슨 의미일까요? 또한 읽는 방법도 생각해 봅시다.

2 LDK

1 K

4畳半

미션

🔖 다음 글을 읽고 틀린 부분을 찾아 봅시다.

わたしは一人暮らしをしています。大学生になって一人暮らしを
始めました。実家のアパートで学校の近くのビラに引っ越しましたが、
포인트 ① 포인트 ②

壁が薄くて、とても不便です。포인트 ③

　でも実家で学校まで行くためには、6時に起きて、家を出るし、バス
に乗るし、電車に乗るし、それから15分くらい歩いてやっと学校につき
ます。포인트 ④

　だから、仕方がないと思います。

 어휘 및 표현

一人暮らし 혼자 삶, 자취　　実家 생가, 고향, 부모님 집　　壁が薄い 벽이 얇다　　気を遣う 신경을 쓰다
仕方がない(しょうがない) 어쩔 수 없다

 정답

- 実家_{じっか}のアパート
  ⇒ 団地_{だんち}
- 学校_{がっこう}の近_{ちか}くのビラに
  ⇒ アパートに

해설

한국에서 말하는 '아파트'는 일본어의「アパート」와 크게 다릅니다.

- 「団地_{だんち}」… 아파트처럼 같은 건물이 많이 밀집되어 있고, 공영주택을 가리키는 경우가 많다.
- 「マンション」… 1~2동의 건물로 이루어져 있고, 고급스러운 느낌을 준다. 10층 이상인 경우가 많다.
- 「アパート」… 학생이나 독신 생활을 하는 사람이 주로 사는 2~3층 정도의 건물을 가리킨다.

완전히 일치하지는 않지만, 아래와 같이 해석되는 경우가 많습니다.

한국어	일본어
아파트	団地_{だんち}
빌라	アパート
(단독)주택	一戸建て_{いっこだ}
원룸	ワンルーム
맨션	マンション

✏️ 사진을 보고 일본어로 뭐라고 하는지 생각해 봅시다.

1.

2.

3.

1step

🔍 고시원이나 오피스텔 등은 일본어로 직역할 수 없으며, 「安アパート」나 「ワンルームマンション」 등으로 설명되는 경우가 많습니다. 또 '전세'라는 것도 한국에만 있는 시스템으로 일본에는 없습니다.

 정답

- 実家の団地で学校の近くの
  ⇒ から
- 実家で学校まで行く
  ⇒ から

해설

장소나 범위의 시점을 나타내는 '~에서'는 「～で」가 아니라 「～から」를 써야 합니다. '~에서'가 「～で」로 쓰일 때는 무언가의 움직임이 있는 필드를 표현하는 경우입니다.

예1 서울에서 부산까지   ソウルからプサンまで

예2 학교에서 공부를 합니다.   学校で勉強をします。

문장 연습

✎ 다음 문장을 일본어로 바꾸어 써 봅시다.

1. 이 행사는 가을부터 봄까지 하고 있습니다.

   ⇒ _____

2. 역에서 집까지 걸어갔다.

   ⇒ _____

3. 마음에서 나온 말이었습니다.

→ _____

4. 아이에서 어른까지 즐길 수 있습니다.

→ _____

5. 학교에서 체육대회가 있었습니다.

→ _____

1step

🔍 다음과 같은 경우에는 「～を」나 「～を出て」를 사용합니다.

> 예 서울역 3번 출구에서 우회전하세요.
>
> ソウル駅（えき）の3番出口（ばんでぐち）を出（で）て右（みぎ）に曲（ま）がってください。（（×）で （×）から）

간단 연습

✏️ 다음 '~에서'에 해당하는 가장 적절한 표현을 ( ) 중에서 골라 ○표를 해 봅시다.

1. 집에서 뉴스를 봅니다.   （   で   に   から   を   ）

2. 일본에서 유학했습니다.   （   で   に   から   を   ） → 12과 포인트 1 참조

3. 학교 후문에서 나오면 유명한 식당이 있다.   （   で   に   から   を   ）

정답

▪ とても**不便**です。
ふ べん
　　⇒ 気を遣います
　　　き　つか

해설

쉽게 정의하면 '이용・사용하기 어렵다'는 것을 나타내는 표현이 「不便」입니다. 한국어의 '불편
　　　　　　　　　　　　　　　　　　　　　　　　　　　　ふ べん
하다'처럼 몸이 편하지 않은 상태를 표현할 경우에는 「不便」을 사용할 수 없습니다.
　　　　　　　　　　　　　　　　　　　　　　ふ べん
이때는 「居心地が悪い」나 「気を遣う」, 「楽ではない」 등으로 표현하거나 상황에 따라 의역
　　　い ごこち　わる　　き　つか　　らく
해야 합니다. 그리고 '편하다'는 「楽だ」로 표현되는 경우가 많습니다.
　　　　　　　　　　　　　　らく

예1　便利な服 … 주머니가 많고, 사계절 입을 수 있는 옷
　　　べん り　ふく

예2　不便な服 … 주머니가 없고 단추가 너무 많아서 입고 벗을 때 힘들거나 한 옷
　　　ふ べん　ふく

예3　편한 옷 = 楽な服
　　　　　　　らく　ふく

예4　불편한 옷(예를 들어 태그가 신경쓰이고 왠지 불편한 옷) ≠ 不便な服
　　　　　　　　　　　　　　　　　　　　　　　　　　　　　ふ べん　ふく

예4 와 같은 경우에는 「着ごこちが悪い」 등 다른 표현을 써야 합니다.
　　　　　　　　　　き　　　　わる

간단 연습

✎ 밑줄 친 부분을 일본어로 바꾸어 써 봅시다.

1. 커피전문점의 의자는 <u>불편하다</u>. (→ 　　　　　　)

2. 혼자가 <u>편하다</u>. (→ 　　　　　　)

3. 시골은 대중교통은 <u>불편하지만</u>, 인간관계는 <u>편하다</u>.
　　　　　　　　　　　　(→ 　　　　　　) (→ 　　　　　　)

4. 다리 안 불편해요? (→   ) 편하게 앉으세요. (→   )

5. 외국은 말이 안 통해서 불편하다. (→   )

1step

🔍 '불편함'을 「迷惑」로 번역해야 하는 경우도 있습니다.

예1 같이 가도 되나요? 불편하지 않나요?

いっしょに行ってもいいですか。迷惑じゃないですか。

예2 불편을 끼쳐드려 진심으로 죄송합니다.

ご迷惑をおかけしまして誠に申し訳ありません。

예3 지나친 애정표현은 타인을 불편하게 만듭니다.

行き過ぎた愛情表現は他人に迷惑です。

'불편하다'를 사용하여 한국어로 예문을 만들어 본 후, 일본어로 바꾸어 써 봅시다.

1. (마음이) 불편하다 …

   →
   _____

2. (몸이) 불편하다 …

   →
   _____

사진을 보고 '불편하다'의 부분에 주의하면서 일본어로 바꾸어 써 봅시다.

 정답

• 家を出るし、バスに乗るし、電車に乗るし
  ⇒出て   ⇒乗って   ⇒乗って

해설

시간적으로 계속해서 일어나는 관계가 있는 경우나 순서에 관계될 때는「~し」를 사용할 수 없습니다(→ 예2). 판단 이유나 원인을 설명하는 경우에만「~し」를 사용합니다.

예1　朝起きて、顔を洗って、歯を磨きます。(×) し ← 순서

예2　1時に友達と会って、3時に映画を見ます。(×) し ← 시간

예3　学校まではバスに乗るし、電車に乗るし、だから時間がかかります。← 원인

예4　お金をかけたし、時間もかけたから、成功するはずだ。← 판단 이유

문장 연습1

다음 문장을 일본어로 바꾸어 써 봅시다.

1. 집에 가서 엄마 밥을 먹습니다.

   →

2. 그 가게는 싸고 맛있어서 사람이 많다.

   →

3. 비빔밥은 비비고 비비고 많이 비벼서 먹어야 맛있는 음식이다.

→
_____

1step

🔍 「～し」는 말하는 사람의 감정이 들어간 인상을 주기도 하는 표현입니다.

예 美人<ruby>美人<rt>び じん</rt></ruby>だし、<ruby>頭<rt>あたま</rt></ruby>のいい<ruby>人<rt>ひと</rt></ruby>。 ← 칭찬의 기분이 담긴 말 표현

문장 연습 2

✏️「～て」를 사용하여 인스턴트 라면 만드는 법을 설명해 보세요.

→
_____

_____

_____

✏️ 좋아하는 사람(애인・연예인・선생님・친구・상상의 캐릭터 등)의 어떤 점을 좋아하는지
「～し」를 사용하여 설명해 보세요.

→
_____

_____

_____

★ 다시 미션으로 돌아가서 자연스러운 일본어로 고쳐 봅시다.

작 문 연 습

지금 어떤 곳에 살고 있습니까? 앞으로 어떤 곳에 살고 싶습니까? 이번 과에서 배운
표현을 사용하여 '집'을 주제로 작문해 봅시다.

6 結婚
けっこん

주요 학습 내용

□ 포인트 ①: ～ぶり

□ 포인트 ②: いっしょに

□ 포인트 ③: 気分 / 気持ち
きぶん　きも

□ 포인트 ④: 신기하다

 워밍업

🧶 올바른 것에는 ○표, 그렇지 않은 것에는 ×표를 해 봅시다.

(1) 日本の結婚式では招待された人は決まった席に座らなければなりません。（　　）
にほん　けっこんしき　　しょうたい　　ひと　き　　　　せき　すわ

(2) 友人として招待された場合、ご祝儀は一般的に3万円か5万円です。（　　）
ゆうじん　　しょうたい　ばあい　　しゅうぎ　いっぱんてき　まんえん　まんえん

(3) 招待された女性は白い服を着て花嫁を祝福します。（　　）
しょうたい　　じょせい　しろ　ふく　き　はなよめ　しゅくふく

미션

🦴 다음 글을 읽고 틀린 부분을 찾아 봅시다.

わたしの友達のさくらさんとジフン君は日韓カップルです。先月、出会って2年ぶりに結婚しました。포인트①

結婚式は日本でしました。初めての体験でしたが、日本の伝統的な結婚式はとても不思議でした。포인트④

さくらさんは、「ジフン君といつもずっといっしょにいるから、とても気持ちいい」と言いました。포인트② 포인트③

2人ともどうぞ末永くお幸せに。

ご祝儀 축의금　　花嫁 신부　　末永くお幸せに 오래오래 행복하세요

 정답

- 先月、出会って2年ぶりに結婚しました。

⇒ 2年で / 2年後に

해설

「～ぶり」는 일정 기간이 지난 후 똑같은 일이 또 일어났을 때 쓰는 표현입니다. 「先月、出会って2年ぶりに結婚しました」에 나오는 「出会う」라는 표현은 첫 대면을 의미하므로 「～ぶり」를 사용할 수 없습니다.

1step

🔍 「～ぶり」를 사용할 때의 포인트를 알아봅시다.

① 어느 정도의 시간과 날짜가 지났는지 (한국어와 유사함)

② 전에 일어난 일과 같은 일이 다시 일어난 것인지

예1 5年ぶりに優勝した。 ← 5년 전에도 우승하였다.

예2 久しぶり！ ← 이전부터 알던 사이

  Tip 「久しぶり」는 관용적인 인사 표현으로, 여기서의 「～ぶり」와는 다르다는 것을 알아두자.

간단 연습

✏️ 다음 문장 중 틀린 곳을 찾아 바르게 고쳐 봅시다.

1. この映画は、上映開始から１週間ぶりに観客数が100万人を超えました。

   → _____

2. お見合いをして３ヵ月ぶりに結婚しました。

   → _____

3. 入社して１年ぶりに昇進しました。

   → _____

2 step

🔍 「～ぶり」는 '기다리고 있는 것에 대한 기대감'이라는 뜻이 들어있기 때문에 큰 불행을 겪었던 일에 대해서는 잘 쓰지 않습니다.

   예   5年ぶりにガンが再発した。(×)
       5年後にガンが再発した。( )

🐟 어휘 및 표현
....

お見合い 맞선

✏ 다음 문장을 일본어로 바꾸어 써 봅시다.

1. 이 책은 출판된지 2년만에 베스트셀러 1위가 되었다.

   → _____

2. 오랜만에 가족과 여행을 가기로 했습니다.

   → _____

3. 1년 만에 고기를 먹어서 너무 행복했습니다.

   → _____

4. 할아버지가 돌아가시고 1년 만에 할머니도 돌아가셨다.

   → _____

 정답

- ジフン君といつもずっといっしょうにいるから、
  ⇒ いっしょ

해설

「いっしょう」와「いっしょ」는 발음이 비슷하니 주의합시다.

- 一生(いっしょう) 평생　　・一緒(いっしょ) 함께

간단 연습

다음 밑줄 친 단어를 발음해 본 후, 그 발음을 히라가나로 써 봅시다.

1. 一生、一緒にいたい。

   (　　　　　) (　　　　　)

2. 一生懸命、がんばりました。

   (　　　　　)

1step

🔍 예1 에서 예3 까지 발음에 주의하여 말해봅시다. 또 각 단어의 의미를 확인해 봅시다.

예1 ビル(빌딩), ビール(맥주)

예2 オバサン(아주머니), オバーサン(할머니)

예3 クツ(구두), クツー(고통)

문장 연습 📖

✏️ 다음 문장을 일본어로 바꾸어 써 봅시다. 밑줄 친 부분은 히라가나 또는 가타카나로 표기해 봅시다.

1. 오사카 빌딩에서 맥주를 한 잔 마셨습니다.

   → _____

2. 구두가 너무 작아서 고통스러워요.

   → _____

3. 평생 함께 살자!

   → _____

気分 / 気持ち

 정답

- ジフン君といつもずっといっしょにいるから、とても**気持ちいい**。
  ⇒ 嬉しい

해설

「気持ち(が)良い」는 주로 외적 요인에 의한 신체적 감각에 대해 표현할 때 사용합니다. 따라서 이번 미션과 같은 상황에서는 적절하지 않을뿐더러, 오해를 살 수도 있습니다.

미션의 상황처럼 감정을 표현하고 싶을 때는 심플하게 「嬉しいです」라고 표현하면 됩니다.

또한 「気持ち(が)良い」와 유사한 표현인 「気分が良い」도 있지만, 이것은 감정보다는 일정 기간 내의 정신상태나 건강상태와 관련해서 사용됩니다.

예1) ここのマッサージはとても気持ちいいです。← 신체적 감각

예2) 今日は給料日なので朝から気分がいいです。← 일정기간 내의 정신상태

예3) ずっと寝不足だったけど、昨日はたくさん寝たので今日は気分がいい。
　　← 건강상태

예4) (우울증에 걸린 사람이) 治療方法を変えたので気分がいい日が続くように なりました。← 정신 또는 건강상태

- 「気持ち(が)悪い」: 토할 것 같을 때, 또는 벌레 등 시선을 돌리고 싶을 때 사용한다.
- 「気分(が)悪い」: 욕설을 들었거나 뭔가 억울해서 화가 났을 때 사용한다.
- 단독으로 쓰는「気持ち」: '마음'으로 해석될 때가 많음.

간단 연습

다음 (   ) 안에 들어갈 알맞은 표현을 「気持ち」 와 「気分」 중에서 골라 써 넣어 봅시다.
(※둘 다 가능한 문제도 있음)

1. 彼の態度は、わたしの (   ) を傷つけました。

2. シルクのパジャマは肌ざわりがとても (   ) いいです。

3. 船に酔って (   ) が悪いです。

4. 久しぶりに友達とお酒を飲んで、なんだかとってもいい (   )
   です。

어휘 및 표현

傷つける 상하게 하다   船に酔う 뱃멀미 하다

다음 문장을 일본어로 바꾸어 써 봅시다.

1. 꽃 선물은 언제 받아도 기분이 좋다.

   →

   _____

2. 많이 노력했는데 아무도 좋은 평가를 해주지 않아서 억울하고 기분이 나빴습니다.

   →

   _____

3. 저는 다리가 많은 벌레가 제일 징그러워요.

   →

   _____

4. 시험을 잘 봐서 기분이 좋다.

   →

   _____

시험을 잘 봤다 : 試験がよくできた

 **포인트 4 신기하다**

 정답

- 日本の伝統的な結婚式は本当に不思議でした。

    ⇒ おもしろかったです

해설

한국어의 '신기하다'는 일본어로 해석할 때 한 단어로 표현하기 어려운 어휘 중 하나입니다.
일본어로는 상황에 따라서 「不思議だ(불가사의하다, 이상하다)」, 「びっくりだ(놀랍다)」,
「おもしろい(재미있다)」, 「すごい(대단하다)」, 「珍しい(드물다)」, 「変だ(이상하다)」, 「興味
深い(흥미롭다)」 등으로 구별해서 씁니다.

1step

🔍 한국어의 '신기하다'는 상황에 따라 아래와 같이 해석할 수 있습니다.

예1 A : この新製品のパソコンは多機能なのにとても軽いんですよ。

B : 신기하네요! (→すごいですね)

예2 この服のデザインは신기하네요。(→おもしろいですね)

예3 ずっと友達だった彼と夫婦になるなんて신기한(→変な／不思議な)感じ。

 TIP
「不思議」는 마법같이 아무리 생각해도 모를 때
사용합니다.

✎ 다음 ( ) 중 알맞은 표현을 골라 ○표를 해 봅시다.

1. 日本語を習う時、韓国語と似ている表現があって（ おもしろい / 珍しい ）です。

2. 人の体は本当に（ 不思議だ / 珍しい ）と思います。

3. 短期間で日本語がこんなに上達するなんて彼は（ すごい / 珍しい ）人です。

4. マジックショーを見て（ 不思議だ / 珍しい ）と思いました。

5. 韓国が難しい状況の中で成長したことは（ 珍しい / すごい ）ことだ。

✎ 다음 문장을 일본어로 바꾸어 써 봅시다.

1. 해외여행이 처음이라서 모든 것이 신기했어요.

→ _____

2. 제가 그 시험에 합격했다는 것이 정말 신기해요.

→ _____

3. 이 앱은 신기한 기능이 많아요.

→ _____

4. 이 소리는 젊은 사람에게만 들린대요. 신기하네요.

→ _____

★ 다시 미션으로 돌아가서 자연스러운 일본어로 고쳐 봅시다.

작 문 연 습

결혼을 한다면 어떤 타입의 사람과 하고 싶습니까? 평생을 함께하고 싶은 사람은
어떤 사람인가요? 이번 과에서 배운 표현을 사용해서 '결혼'을 주제로 작문해 봅
시다.

MEMO

1 다음 사진을 보고 알맞은 명칭을 일본어로 써 봅시다.

_____

_____

2 다음 ( ) 중 알맞은 표현에 O표를 해 봅시다.

1. バスに（乗・乗）って行きます。

2. 彼はみんなに人気がありますが、わたしは少し（下手・苦手）です。

3. 時々寝坊する（ことができます・ことがあります）。
   <small>ね ぼう</small>

4. 頑張ったのに母に怒られて（気持ち・気分）が悪いです。
   <small>がん ば</small>

5. 彼とずっと（いっしょうに・いっしょに）いたいと思いました。

6. 母親は赤ちゃんのことばが理解できるようで、本当に（不思議だ・珍しい）
   と思いました。

3 다음은 '풀다/풀리다'가 사용되는 문장입니다. 빈칸에 들어갈 알맞은 표현을 일본어로 써 봅시다.

1. 温泉に入ると疲れが_____。

2. カラオケでストレスを_____。

3. 試験が難しすぎて、問題が_____。

4 다음 부자연스러운 표현을 자연스러운 표현으로 고쳐 써 봅시다.

1. 朝起きると、電話してください。

   ➡ _____

2. 毎晩寝る前に洗って、寝ます。

   ➡ _____

3. 日本のドラマを見ながら、日本語が好きになりました。

   ➡ _____

4. 奨学金の面接は合格したのに、留学の面接は不合格してしまいました。

   ➡ _____

5. 友達の紹介で３ヵ月ぶりにカップルになった二人ですが今も仲良くしているようです。

   ➡ _____

5 다음 문장을 일본어로 바꾸어 써 봅시다.

1. 내일은 추워질 것이다. (だ체로)

   ➡ _____

2. 친구가 밥을 사 줬습니다.

   ➡ _____

3. 많은 사람들 덕분에 정말로 좋은 추억들이 생겼습니다.

   ➡ _____

4. 어떤 분이 저에게 앞으로 어떤 사람이 되고 싶냐고 물어봤습니다.

   ➡ _____

5. "앞으로도 열심히 하겠습니다."

   ➡ _____

6. 어른들 앞이라 좀 불편했습니다.

   ➡ _____

7. 서울역 1번 출구에서 나오면 유명한 식당이 있다.

   ➡ _____

8. 그녀는 미인인데 옷에도 화장에도 관심이 없어요. (「せっかく」 사용)

   ➡ _____

6 다음 질문에 일본어로 답해 봅시다.

1. 당신은 몇 학년입니까?

   ➡ _____

2. 당신은 몇 년생입니까?

   ➡ _____

3. 일본어는 어째서 어렵습니까? (「〜し」를 사용해서 대답)

   ➡ _____

7 ファッション

주요 학습 내용

- 포인트 ① : ～ようになる
- 포인트 ② : ～ほしい / ～たい
- 포인트 ③ : 考える / 思う
- 포인트 ④ : ~같다

 워밍업

다음 옷들은 일본어로 뭐라고 할까요?

a   b   c   d

(   )   (   )   (   )   (   )

미션

🔖 다음 글을 읽고 틀린 부분을 찾아 봅시다.

にほんに<ruby>行<rt>い</rt></ruby>ってみて、<ruby>韓国<rt>かんこく</rt></ruby>とはファッションの<ruby>流行<rt>りゅうこう</rt></ruby>が<ruby>違<rt>ちが</rt></ruby>うことを<ruby>知<rt>し</rt></ruby>るようになりました。　포인트①

わたしは、<ruby>日本<rt>にほん</rt></ruby>の<ruby>流行<rt>りゅうこう</rt></ruby>のファッションもチャレンジしてほしかったのでショッピングを<ruby>楽<rt>たの</rt></ruby>しみました。　포인트②

ところが、わたしが<ruby>想像<rt>そうぞう</rt></ruby>していたより、<ruby>日本<rt>にほん</rt></ruby>の<ruby>服<rt>ふく</rt></ruby>はとても<ruby>高<rt>たか</rt></ruby>いようでした。　포인트④

たくさんあった<ruby>お金<rt>かね</rt></ruby>が1<ruby>日<rt>にち</rt></ruby>でほとんどなくなってしまいました。<ruby>次<rt>つぎ</rt></ruby>からはよく<ruby>思<rt>おも</rt></ruby>って<ruby>買<rt>か</rt></ruby>い<ruby>物<rt>もの</rt></ruby>をしようと<ruby>思<rt>おも</rt></ruby>います。　포인트③

🐟 어휘 및 표현

<ruby>流行<rt>りゅうこう</rt></ruby> 유행

포인트 ① ～ようになる

정답

- ファッションの流行が違うことを**知るようになりました**。

⇒知りました

해설

그 동사 자체가 변화를 의미하는 경우, 「ようになる」를 사용할 필요가 없습니다. 「知る」는 그 중에서도 대표적인 어휘입니다. '알게 되었습니다'를 「知るようになりました」 라고 번역하는 한국어 모어 화자가 많은데, 이 부분은 「知りました」라고 하면 됩니다.

1step

🔍 「～ようになる」와 함께 쓸 수 없는 동사는 다음과 같습니다.

「慣れる」「知る」「太る」「減る」등.

✎ 다음 문장 중 틀린 곳을 찾아 바르게 고쳐 봅시다.

1. 大学生になって自由な時間が増えるようになりました。

   → _____

2. ストレスで体重が減るようになりました。

   → _____

3. 大学生活に慣れるようになりました。

   → _____

2 step

🔍 그 동사 자체가 변화를 의미하지 않는 경우에는 「〜ようになります」를 사용해도 괜찮습니다.

예1 子どもの時に苦手だったピーマンが食べられるようになりました。

(가능형 + 「ようになる」= 능력의 변화)

예2 西洋化が進み、日本でも韓国でもパンをよく食べるようになりました。

(사전형 + 「ようになる」= 습관의 변화)

✎ 다음 문장을 일본어로 바꾸어 써 봅시다.

1. 반년 만에 몸무게가 10킬로그램이나 늘었습니다.

   → _____

2. 스마트폰을 사용하게 되면서 생활양식이 달라졌습니다.

   → _____

3. 공부해서 한자를 쓸 수 있게 되었습니다.

   → _____

4. 건강을 생각해서 매일 물을 많이 마시게 되었습니다.

   → _____

5. 그녀와 헤어지고 혼자 식사를 하게 된 후 그녀가 얼마나 소중했는지 알게 되었습니다.

   → _____

포인트 ② ～ほしい / ～たい

정답

▪ わたしは、日本の流行のファッションもチャレンジして**ほしかったので**

⇒ したかった

해설

「～ほしい」와「～たい」는 모두 소원이나 희망을 나타내는 표현이라서 구별하는데 어려움을 느끼는 사람이 많습니다. 이를 구별하기 위해서는「ます형＋たい」와「～(が)ほしい」및「て형＋ほしい」의 세 가지 문형을 이해할 필요가 있습니다.

- 「ます형＋たい」는 한국어 '~싶다'와 대부분 대응한다.
- 「～てほしい」는 누군가에게 어떤 행동을 바라는 것. '해줬으면 좋겠다'
- 「～(が)ほしい」는 무언가를 '갖고 싶다'라는 상황에서 사용한다.

특히 중요한 포인트는 아래 두 가지입니다.

① 「～(が)ほしい」와「～てほしい」는 형태가 비슷해 보여도 의미가 다르다는 점
② 「～てほしい」와「～たい」는 행위자가 다르다는 점

미션에 나왔던 문장에서는 누군가의 행동을 바라는 것이 아니라 '패션에 도전하는' 행위자가 본인이므로「てほしい」는 적절하지 않습니다.

🔍 「~てほしい」와 「~(が)ほしい」의 사용법을 정리해 보면 다음과 같습니다.

1 「~てほしい」의 형태

사람に ほしい

예1 彼女(かのじょ)にちゃんと謝(あやま)ってほしい。 그녀가 제대로 사과해 주었으면 좋겠다.

※ 대상이 애매한 경우, 사람 + に가 생략되는 경우도 있습니다.

예2 シャトルバスの時間(じかん)を守(まも)ってほしい。 셔틀버스 시간을 지켜주었으면 한다.

2 「~(が)ほしい」의 형태

한국어로는 '~을 갖고 싶다'지만, 일본어로는 「~がほしい」입니다.

예3 もし1000万(まん)ウォンあったら何(なに)がほしいですか。

만약 1000만원이 있다면 무엇을 갖고 싶습니까?

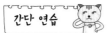

✏️ 다음 문장 중 틀린 곳을 찾아 바르게 고쳐 봅시다.

1. 誕生日(たんじょうび)プレゼントに財布(さいふ)をほしいです。

→ _____

2. (わたしは)彼女(かのじょ)と早(はや)く結婚(けっこん)してほしいです。

→ _____

3. 親(おや)は子(こ)どもにがんばって勉強(べんきょう)したいと思(おも)っています。

→ _____

다음 문장을 일본어로 바꾸어 써 봅시다.

1. 커피를 마시고 싶다.

   →　_____

2. 선생님이 좀 더 천천히 말해주었으면 좋겠다.

   →　_____

3. 그 사람이 제대로 일을 했으면 좋겠다.

   →　_____

4. 돈을 갖고 싶다.

   →　_____

정답

- 次からはよく**思って**買い物をしようと思います
  ⇒ **考えて**

해설

「考える」와 「思う」는 각각 다음과 같이 구별해서 사용해야 한다는 것을 알아둡시다.

- 「考える」… 지적으로 분석하거나 객관적으로 판단을 할 때
- 「思う」… 주관적이고 감정적인 마음의 움직임이거나 순간적으로 판단을 할 때

즉, 기본적으로 '머리로 考える', '마음으로 思う'라고 이해하면 됩니다.
미션에 나온 문장은 다음에 쇼핑을 할 때 좀 더 계획적으로 돈을 써야겠다는 내용이므로 「考える」가 적절한 표현입니다.

예 　教師はよい授業のために色々考えながら準備します。

1step

🔍 '제가 생각하기에는~' 이라는 표현이 있는데, 일본어로는 「わたしが考えるには」, 「わたしの考えでは」 등으로 표현할 수 있으며, 주로 의견을 말할 때 사용합니다.

예 　わたしの考えでは、テレビゲームはそんなに子どもへの害にならないと思います。

다음 ( ) 안에 들어갈 알맞은 표현을 골라 ○표를 해 봅시다. (※ 둘 다 들어가는 것도 가능)

1. ニュースを見て、社会問題について（　①思う　②考える　③両方　）。

2. どんなに（　①思って　②考えて　③両方　）もわからない場合に「不思議だ」を使います。

3. よく（　①思ってから　②考えてから　③両方　）面接官の質問に答えましょう。

4. 変なにおいがしたので、おならが出てしまったのかと（　①思いました　②考えました　③両方　）。

다음 문장을 일본어로 바꾸어 써 봅시다.

1. 잘 생각하고 행동하면 실수할 일이 적어집니다.

   →_____

2. 당신을 만날 수 있다고 생각하니 매우 기쁩니다.

   →_____

3. 논문의 제목을 생각한다.

   →_____

4. 생각해도 모르겠는 경우에는 손을 드세요.

   →_____

- 日本の服はとても高いようでした。
  ⇒ 高かったです

 해설

「～ようだ」는 추측표현이므로 기본적으로 사실이나 의견을 말할 때는 사용할 수 없습니다. 미션의 경우에는 금액을 모르는 것이 아니기 때문에 추측의「ようだ」를 쓸 수 없으며, 단순히「高かったです」라고 사실을 표현하거나「高いと思いました」와 같이 의견으로서 표현할 수 있습니다.

1step

🔍 「～ようだ」는 자신에 대해서 말할 때나 자신의 의지로 정할 수 있는 일에 대해서는 사용할 수 없습니다.

예1 テストが近いのでわたしたちはこれから忙しいようです。(×)

→ 忙しいです （○）

→ 忙しくなると思います （○）

2step

🔍 한국어 「-ㄴ/-ㄹ 것 같다」를 일본어로 하고 싶을 때는 다음과 같이 표현할 수 있습니다.

• '그래 보인다'라는 의미를 나타내고 싶은 경우 :「ようだ」「みたいだ」

예1 本当(ほんとう)に生(い)きているようです／みたいです。 정말 살아있는 것 같아요.

예2 二人(ふたり)、つきあっているみたいです／ようです。 둘이 사귀는 것 같아요.

• 의견을 표명하거나 돌려서 말하고 싶은 경우 :「～と思(おも)う」

예3 それは少(すこ)し違(ちが)うと思(おも)う。 그것은 조금 아닌 것 같다. ← 違(ちが)うようだ(△)

예4 A : この服(ふく)、どう？

　　 B : うん、いいと思(おも)う。 응, 좋은 것 같아. ← 돌려 말하기　いいようだ(×)

3step

🔍 비슷한 표현인 「～ようだ」「～そうだ」「～らしい」의 용법을 정리해 보면 다음과 같습니다.

「형용사＋そうだ」 ＝ 직관적인 예상 (おいしそうだ)

「형용사＋ようだ」 ＝ 상황 판단 (事故(じこ)があったようだ)

「사전형＋らしい」 ＝ 남에게 들은 정보, 소문 등 (あの二人(ふたり)は結婚(けっこん)するらしい)

예1 わぁ！このラーメンおいしそう。 ← 눈 앞에 있는 라면을 보고 직관적으로

예2 ここのラーメンはおいしいようだ。 ← 라면집 앞의 행렬을 보거나 누군가로부터 들은 정보를 근거로 상황을 판단해서

> **TIP**
> 「そうだ」에는 「형용사＋そうだ」(추측)외에 「동사 ます
> 형＋そうだ」(미래의 가능성) 「동사／형용사 사전형＋そう
> だ」(전해 들음)과 같은 사용방법도 있으므로 주의합시다.

✏️ 다음 ( ) 안에 들어갈 알맞은 표현을 골라 ○표를 해 봅시다.

1. 이 모자를 쓰면 더 멋있을 것 같은데. (친구에게 자신의 의견을 말함)

   この帽子をかぶればもっとかっこいい (と思う ・ ようだ)よ。

2. 조금 늦을 것 같습니다. (이미 약속 시간이 다 된 상태)

   ちょっと (遅れると思います ・ 遅れるようです ・ 遅れます)。

3. 저 애는 (이성에게) 인기가 많은 것 같다. (많은 사람들로부터 고백을 받는 모습을 봄)

   あの子はモテる (と思う ・ ようだ or みたいだ ・ そうだ)。

✏️ 다음 문장을 일본어로 바꾸어 써 봅시다.

1. 이 식당의 음식은 정말 맛있을 것 같아요. (이 식당에서 돈가스를 맛있게 먹고 있는 사람을 보면서)

   → _____

2. 민수는 요즘 바쁜 것 같아요. (민수의 요즘 상황을 보고 판단)

   → _____

3. (내가) 오늘은 아파서 못 갈 것 같습니다.

   → _____

4. 감기에 걸려버려서 병원에 가야 할 것 같습니다. 오늘은 결석하겠습니다.

   → _____

★ 다시 미션으로 돌아가서 자연스러운 일본어로 고쳐 봅시다.

작 문 연 습

여러분은 어떤 패션을 좋아합니까? 한국에서 인기 있는 헤어스타일, 패션, 화장은 무엇이며, 그러한 패션은 일본과 어떻게 다릅니까? 또는 일본의 패션에서 이상하다고 생각한 점이나 해보고 싶은 것은 있습니까? 이번 과에서 배운 표현을 사용해서 '패션'을 주제로 작문해 봅시다.

8 お酒
さけ

 워밍업

 다음 질문에 답해 봅시다.

1. 「生中」는 무엇을 줄인 말일까요?

2. 일본에서 맥주를 마실 때의 매너로서 일반적이지 않은 것은 어느 것일까요?

　1 ビールをつぐ度にすぐその場で飲む。
　2 ビールのグラスに半分残っていてもついであげる。
　3 目上の人の前でお酒を飲むときは体を横に向けて飲む。

다음 글을 읽고 틀린 부분을 찾아 봅시다.

やっと学校のテストが終わりました。さき、お酒がいい人たちから
「飲みに行こう」と誘われました。　포인트①　포인트③

　　実は、今日は少し痛いですが　포인트④　、しなければならない仕事もな
いので行くことにしました。　포인트②

「お酒は薬」とも言いますので楽しみです。

🐟 어휘 및 표현 ....

やっと 겨우, 간신히　　つぐ 따르다

정답

- **さき、お酒がいい人たちから**

⇒ さっき

해설

「さっき」와「さき」는 전혀 다른 말입니다.「さっき」는 '아까, 조금 전'이라는 의미이고,「さき」는 '앞, 선두'라는 의미입니다. 이처럼「っ」의 유무에 따라 의미가 완전히 달라지는 말은 특히 주의해야 합니다.

또한, 키보드 등 전자기기로 입력할 때도 잘못 입력하면 한자 변환이 제대로 되지 않습니다.

예1 さっきまでテレビを見ていました。 조금 전까지 텔레비전을 보고 있었습니다.

예2 先に行って席をとっておきますね。 먼저 가서 자리를 잡아놓을게요.

1step

🔍 촉음(작은「っ」가 들어가는 소리)의 유무에 따라 뜻이 달라지는 말이 많습니다.
다음 예1 부터 예4 까지 발음에 주의해서 말해본 후, 각 단어의 뜻도 확인해 봅시다.

예1 ウタ(노래), ウッタ(팔았다, 쳤다, 쐈다)

예2 オト(소리), オット(남편)

예3 コク(진하게), コック(요리사)

예4 キッテ(우표), キテ(와서), キテ(입어서)

🔍 「さき(先)」는 '앞, 먼저'이지만 「さき(先)ほど」는 '아까'입니다. 즉, 「さきほど」는 「さっき」와 같은 의미로, 아래의 예처럼 비즈니스 장면이나 뉴스 등 공적인 자리에서 자주 사용됩니다.

예1 (비서가 사장에게) 先ほどA社から連絡がありました。

= (동료에게) さっきA社から連絡があったよ。

＊「さっき」＝「先ほど」：아까, 조금 전

＊「さき」：앞, 먼저

📓 문장 연습

✏️ 다음 문장을 일본어로 바꾸어 써 봅시다. 밑줄 친 부분은 히라가나 또는 가타카나로 표기해 봅시다.

1. 남편이 내는 트림소리를 싫어합니다.

   →

2. 요리사님, 맛을 진하게 하지 마세요.

   →

3. 우표를 가지고 와 주세요.

   →

정답

▪ しなければならない仕事（しごと）もないので
　　　　　⇒ こと / 用事（ようじ）

해설

한국어의 '일'을 전부 「仕事（しごと）」로 생각하면 오류를 범하기 쉽습니다. 왜냐하면 「仕事（しごと）」는 직장에서 하는 일이나 의무적으로 해야 할 일에만 사용하기 때문입니다. 여기에서는 '용건'을 뜻하는 「用事（ようじ）」나 「用件（ようけん）」이 적합합니다.

1step

🔍 한국어의 '일'을 일본어로 어떻게 표현하는지 살펴봅시다.

무슨 일로 오셨습니까?	どんなご用件（ようけん）でいらっしゃいましたか。
무슨 일이 있어도 꼭 해낼 거야!	どんなことがあっても、必（かなら）ずやってみせる！
큰일이 났다.	大変（たいへん）なことになった！(大変（たいへん）だ！)
볼일이 있습니다.	用事（ようじ）があります。
올해는 여러 가지 일이 있었습니다.	今年（ことし）はいろんなことがありました。

✎ 다음 (   ) 안에 들어갈 알맞은 표현을 골라 봅시다.

1. (   ) があるので、先に帰ります。

   ⓐ 用事   ⓑ こと

2. 大変な (   ) になった！ お金がなくて家に帰れない！

   ⓐ こと   ⓑ 問題

3. 今日は妻の出産予定日で、朝から (   ) が手につかない。

   ⓐ こと   ⓑ 仕事

✎ 다음 문장을 일본어로 바꾸어 써 봅시다.

1. A : 무슨 일로 오셨어요?

   → _____

   B : 볼일이 있어서 왔어요.

   → _____

2. 무슨 일이 있어도 마지막까지 포기하지 않겠습니다.

   → _____

3. 일 때문에 일본에 출장 갑니다.

   → _____

정답

- お酒がいい人たちから
    ⇒ 好きな

해설

기본적으로 「好きだ」 = '좋아하다', 「いい」 = '좋다'이지만, 한국어의 '좋다'는 '좋아하다'의 의미를 내포하고 있기 때문에 헷갈리는 경우가 있습니다. 포인트는 「いい」가 어떤 사물을 선택하거나 평가할 때 사용된다는 점입니다. 그리고 「好き」, 「嫌い」는 항시적인 감정을 나타내며, 「いい」와 같이 특정한 조건에서 나오는 것이 아닙니다.

예1 A : 好きな食べ物は何ですか？
B : ラーメンが好きです。 ← 취향
ラーメンがいいです。(×)

예2 A : ラーメンとうどん、どっちにする？
B : ラーメンがいいです。 ← 선택
ラーメンが好きです。(×)

미션에서는 어떤 사물 중에서 선택하는 것이 아니고 평가를 하는 것도 아니며 원래 술을 즐기는 사람이라는 의미이므로 이 경우에는 「いい」를 사용할 수 없고 「お酒が好きな人たち」라고 해야 합니다.

🔍 이와 마찬가지로, 보통「嫌いだ」= '싫어하다',「嫌だ」= '싫다'라고 할 수 있는데,「嫌いだ」는 항시적인 감정을 나타냅니다.「嫌だ」는 어떤 대상을 피하고 싶거나 거부할 경우에 사용합니다.

예　彼がいい人なのは知っているし、嫌いではないけれど、付き合うのは嫌です。

🔍 그 외에 자주 쓰이는 표현 중 '어머니께서 제가 대학에 합격해서 좋아하셨어요'라는 문장은 「母はわたしが大学に合格して喜びました。」(×よかったです　×好きでした)가 됩니다.

간단 연습 🐱

✏️ 다음 (　) 안에 들어갈 알맞은 표현을 골라 ○표를 해 봅시다.

1. もともと肉がとても（　好きだけど ・ いいけど　）、きのう食べたから 今日は（　嫌だ ・ 嫌いだ　）。

2. これ以上待つのは（　嫌い ・ 嫌　）です。

3. A：おいしそう！それ、一口くれない？
　　B：えー、ごめん、もうあと1つしかないから（　嫌い ・ 嫌　）だ。

🐟 어휘 및 표현 ....

付き合う 사귀다

✏️ 다음 문장을 밑줄친 부분에 주의하면서 일본어로 바꾸어 써 봅시다.

1. 저는 원래 당근을 <u>싫어합니다</u>.

   → _____

2. 단 것은 <u>싫지 않지만</u> 살이 찌는 것은 <u>싫다</u>.

   → _____

3. 저는 그 선배 너무 <u>좋아요</u>. 무척 <u>좋은</u> 사람인 것 같아요.

   → _____

정답

- 今日_{きょう}は少_{すこ}し**痛_{いた}い**ですが
⇒ 体調_{たいちょう}が悪_{わる}い / 具合_{ぐあい}が悪_{わる}い

해설

「痛_{いた}い」를 사용할 때의 포인트는 아래 두 가지입니다.

- 통증을 수반하는 경우

- 「〜が痛_{いた}い」와 같이 아픈 부위가 분명한 경우

즉, 단순히 몸 상태가 좋지 않은 경우나 통증을 수반하지 않는 경우에는 한국어와 달리 「痛_{いた}い (아프다)」를 사용할 수 없습니다. 이 경우에는 「具合_{ぐあ}が悪_{わる}い」나 「体調_{たいちょう}が悪_{わる}い」를 씁니다. 한국어 네이티브가 사용하기 쉬운 대표적인 '부자연스러운 일본어'중의 하나입니다. 한국어를 할 줄 모르는 일본어 네이티브에게는 의미가 통하지 않거나 오해가 생길 가능성도 있으므로 주의합시다.

예1 風邪_{かぜ}を引_ひいてのどが痛_{いた}いです。(○)

예2 高熱_{こうねつ}で体_{からだ}が痛_{いた}いです。(○)

예3 風邪_{かぜ}を引_ひいて痛_{いた}いです。(×)
→ 風邪_{かぜ}を引_ひいて具合_{ぐあい}が悪_{わる}いです。

예4 今日_{きょう}は痛_{いた}いので欠席_{けっせき}します。(×)
→ 今日_{きょう}は具合_{ぐあい}が悪_{わる}いので欠席_{けっせき}します。

🔍 한국어와 똑같이 심리 묘사나 비유로서 「痛い」를 사용할 수도 있습니다.

예1　頭の痛い問題　골치 아픈 문제

예2　失恋して胸が痛い。　실연 당해서 가슴이 아프다.

문장 연습 📖

✏️ 다음 문장을 일본어로 바꾸어 써 봅시다.

1. A : 오늘 아파서 못 갈 것 같아요.

　→　_____

　 B : 네, 몸조리 잘 하세요.

　→　_____

2. 졸업논문 생각을 하니까 벌써부터 골치 아파요.

　→　_____

3. 환절기가 되면 항상 아픕니다.

　→　_____

> **Tip**
> 몸 조리 잘 하세요 : お大事に
> 환절기 : 季節の変わり目

★ 다시 미션으로 돌아가서 자연스러운 일본어로 고쳐 봅시다.

여러분은 술을 마시나요? 어떤 때에 술을 마시며, 어떤 종류의 술을 좋아합니까? 이자카야에 가본 적은 있습니까? 이번 과에서 배운 표현을 사용해서 '술'을 주제로 작문해 봅시다.

しゅうしょくかつどう
9 就職活動

주요 학습 내용

□ 포인트 ①: ～ている / ～てある

□ 포인트 ②: 塾_{じゅく}

□ 포인트 ③: ～とか

□ 포인트 ④: 役_{やく}に立_たつ / 助_{たす}けになる / 助_{たす}かる

 워밍업

🧶 다음 질문에 답해 봅시다.

1. 여러분은 어떤 직업을 갖고 싶습니까? (직종 · 조건 등)

2. 면접을 본다고 가정한 후, 여러분의 장점을 예 와 같이 대답해 봅시다.

　예　わたしは(　責任感が強くて　)、(　決断力があります　)。

　　　わたしは(　　　　　　　　　)、(　　　　　　　　　)。

3. 면접 시의 매너로 올바른 것에는 ○표, 그렇지 않은 것에는 ×표를 해 봅시다.
   (1) 名前を呼ばれたら、元気よく「はい」と返事をしましょう。　　　　　　(　　)
   (2) 3回ノックして、返事があったらドアを開けましょう。　　　　　　　　(　　)
   (3) 中に入り、ドアを閉め、「失礼です」と言ってからお辞儀しましょう。　(　　)
   (4) いすの横に立ち、「○○大学○○学部○○学科の○○と申します」と言います。

　　　　　　　　　　　　　　　　　　　　　　　　　　　　　　　　　　(　　)

⑸「よろしくお願いします」と言ってお辞儀をして、すぐに座りましょう。 （　）

⑹ 座る時は、背もたれにピッタリと背中をつけましょう。 （　）

⑺ 面接官が複数の場合は、まんべんなく視線を向けるようにしましょう。 （　）

⑻「以上です」と言われたら、「ありがとうございました」と言って立ち、
お辞儀をしましょう。 （　）

⑼ 後を振り返らずに退室し、ドアを閉めましょう。 （　）

다음 글을 읽고 틀린 부분을 찾아 봅시다.

わたしは、もうすぐ大学を卒業します。

周りの友だちは、ほとんど就職の内定をもらってありますが、わたし
はまだです。 포인트①

少しでもいい会社に入れるように、英語の塾に通うとか、資格を取る
とか 포인트② 포인트③

いろいろ努力していますが、あまり助からないようです。 포인트④

お辞儀 고개 숙여 인사하는 것　　**背もたれ** 의자의 등받이　　**まんべんなく** 구석구석까지, 미치지 않은 곳 없이

포인트 ① 〜ている / 〜てある

 정답

▪ 内定をもらって**てあります**

　　　　　⇒ ています

해설

- 대상 + を + てある : 누가 어떤 목적을 위해서 한 것
- 대상 + を + ている : ① 현재 진행 중인 것　　② 완료되어 그 상태가 지속되고 있는 것

  예1 資料をコピーしてあります。 ← 누가 어떤 목적을 위해서 한 것 (복사해 놓은 상황)

  예2 資料をコピーしています。 ← 진행 중인 것 (복사하는 중)

  예3 もう約束の時間を過ぎています。 ← 완료된 상태가 지속됨

  　　もう約束の時間を過ぎてあります。(×)

「대상 + を + てある」는 행위자가 할 수 있는 일을 어떤 목적을 위해서 일부러 해놓은 것임을 나타냅니다. 하지만 「内定」는 예1의 복사와 달리 받고자 해서 마음대로 받을 수 있는 일이 아니므로 사용할 수 없습니다. 이 경우에는 「内定をもらった」라는 완료된 상태가 지속되고 있으므로, 「内定をもらっています」가 적합합니다.

1step

🔍 「〜ている」는 자동사, 타동사 모두 쓸 수 있지만, 「〜てある」는 기본적으로 타동사 뒤에만 옵니다. 그리고 한국어와 일본어는 일부 예외가 있지만 대부분 자동사와 타동사가 서로 대응하는 경우가 많습니다.

> **Tip**
> 자동사 : 앞에 을/를이 올 수 없는 동사
> 타동사 : 앞에 을/를이 올 수 있는 동사

예　会議室に人を集めてあります。(○) / 会議室に人を集まってあります。(×)

　　　　　(모으다)　　　　　　　　　　　　　　　　(모이다)

　　　　　　　　　　　　　　　　　　　　　→ 集まっています。(○)

미션에 나온 사례를 이 원칙을 기준으로 본다면 「もらう(타동사)」+「てある」라서 맞는 문장으로 보입니다. 그러나 해설 부분에서 설명했듯이 '행위자가 하려고 해서 할 수 있는 일'이 아니므로 예외적으로 「~てある」를 사용할 수 없습니다.

이처럼 「~ている」와 「~てある」중 어느 쪽을 사용해야 할지 판단하기 위해서는 자동사와 타동사의 구별 이외에도 각각의 특징을 알아야 합니다.

2 step

1. 「대상 + を + てある」「대상 + が + てある」

예1　着替えを用意してあります。 ← 행위자가 분명한 상황

예2　着替えが用意してあります。 ← 행위자가 불분명한 상황

着替え : 갈아입을 옷

위의 두 가지 문장은 모두 '누가 어떤 목적을 위해서 한 것'이지만, 차이점이 있습니다. 예1은 주로 갈아입을 옷을 준비한 사람이 「着替えを用意してありますから、食事の前に着替えてください」라는 식으로 사용합니다. 즉, 옷을 준비한 행위자가 분명한 경우에 걸맞은 표현입니다. 특히 예1처럼 준비가 다 되었다는 것을 강조할 때 많이 씁니다. 한편, 예2는 누가 준비한 것은 틀림없지만 행위자가 누구인지는 확실하지 않은 상황입니다.

2. 「대상 + を + ている」「대상 + が + ている」

「~てある」가 행위자와 목적의 존재를 의식하면서 쓰는 표현인데 비해 「~ている」는 진행 중인 행위나 완료 후 지속되고 있는 결과에 주목하는 표현입니다.

예3　結婚相手を探しています。 ← 현재 진행 중인 것

예4　時計が壊れています。 ← 완료된 상태가 지속되고 있는 것

기본적으로 「~を~ている」 뒤에는 타동사, 「~が~ている」 뒤에는 자동사가 옵니다.

✎ 다음 (　　) 안에 들어갈 알맞은 표현을 골라 봅시다.

1. 窓が開けて(　　　　)ね。きっと換気のためでしょう。

   ⓐ います　　　　　　　ⓑ あります

2. 彼は犯人じゃありません。もう無罪判決を受けて(　　　　)。

   ⓐ います　　　　　　　ⓑ あります

3. ラーメンを食べて帰ろうと思ったら、もうお店が閉まって(　　　　)。

   ⓐ いました　　　　　　ⓑ ありました

> **TIP** 들어가려고 한 가게가 문을 닫았을 때, 일본에서는
> 「店が閉まっている(가게가 닫혀있다)」고 표현한다.

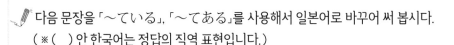

✎ 다음 문장을 「～ている」, 「～てある」를 사용해서 일본어로 바꾸어 써 봅시다.
(※( ) 안 한국어는 정답의 직역 표현입니다.)

1. 이제 공부는 안 합니다. 합격 통지를 받아 놓았으니까요(받아 있으니까요).

   → _____

2. 매일 일기를 쓰고 있습니다.

   → _____

3. 데이트를 위해서 레스토랑을 예약해 놓았습니다(예약해 있습니다).

   → _____

塾
じゅく

OK! 정답

▪ **英語の塾に通う**
えいご じゅく かよ

⇒ **英語教室(スクール) / 英会話教室(スクール)**
えいご きょうしつ　　えいかいわ きょうしつ

해설

한국에서는 '학원'이라는 말이 널리 사용되고 있지만, 일본에서의 「学院」은 대학의 명칭(「関西
がくいん　　　　　　　　　　かんせい
学院大学」 등)으로 사용하는 일은 있어도 한국에서 사용되는 '학원'과 같은 의미로 사용되지
がくいんだいがく
는 않습니다.

• 塾 … 「学習塾」,「進学塾」 등 초・중・고 학생들이 공부를 위해서 다니는 사교육기관
  じゅく　　がくしゅうじゅく　しんがくじゅく

• 教室(スクール) … 학교 교과목이나 입시 이외의 목적으로 다니는 사교육기관
  きょうしつ

  예1 スイミングスクール, ダンススクール(教室), 韓国語教室, 料理教室,
  　　　　　　　　　　　　　　　　　　　きょうしつ　 かんこく ご きょうしつ　りょうり きょうしつ
  　　書道教室, パソコン教室, ピアノ教室 등
  　　しょどうきょうしつ　　　　きょうしつ　　　　きょうしつ

• 予備校 … 재수생이나 대학입시를 목적으로 하는 고교생들이 다니는 사교육기관
  よ びこう

  예2 わたしの兄は、予備校生です。
  　　　　　　　あに　　よ びこうせい

• 日本語学校 … 일본에 체류하는 외국인을 대상으로 한 일본어 교육기관
  にほん ご がっこう

  ※ 재학생에게는 대학교와 같이 '유학비자'가 발급된다. 따라서 일본 이외에 있는
  　　기관은 「日本語教室」라고 부르는 것이 적당하다.
  　　　　　　 にほん ご きょうしつ

• 自動車教習所 … 운전면허를 취득하기 위한 연수기관. 「教習所」라고도 한다.
  じ どうしゃきょうしゅうじょ　　　　　　　　　　　　　　　　きょうしゅうじょ

 いとこ : 사촌

다음 ( ) 안에 들어갈 알맞은 말을 넣어 봅시다.

1. わたしのいとこは、ギター(　　　　　　　　　　　)で講師を務めています。

2. (　　　　　　　　　　)とは、大学受験のために通うところです。

3. 目玉焼きも作れないの？(　　　　　　　　　　)でも通ったらどう？

4. 名古屋にある日本語(　　　　　　　　　)で、会話を中心に勉強しています。

5. 自動車(　　　　　　　　)は若者たちの出会いの場になっているそうですよ。

문장 연습

다음 문장을 일본어로 바꾸어 써 봅시다.

1. 저는 부산에 있는 일본어 학원에 다니고 있습니다.

　→ _____

2. 도쿄에서 가장 유명한 일본어 학원은 어디에 있습니까?

　→ _____

3. 중학생 때, 수업을 따라가지 못해서 학원에 다녔습니다.

　→ _____

4. 대입학원은 수업료가 비쌉니까?

　→ _____

5. 어렸을 때 수영 학원에 다녔습니다.

　→ _____

정답

- 塾に通うとか、資格を取るとか、いろいろ努力していますが、
  ⇒ 通ったり　　　⇒ 取ったり

해설

1. 「동사(사전형) + とか」는 주로 가정할 때 사용되며, 특히 무언가를 제안할 때 자주 쓰이는 표현입니다. 따라서 실제로 행한 일이나 행하려는 일에는 잘 사용하지 않습니다.

   예1　やせたいなら、運動するとか、食事制限をするとか、いろいろな方法があると思いますよ。(○)

   예2　明日は買い物をするとか、掃除をするとかして過ごすつもりです。(△)
   　　　　　　　　(→したり)　　　　　(→したり)

2. 「명사 + とか」의 경우에는 위와 같은 제한이 없습니다.

   예3　宿題とか、友だちとの約束とかがあって、今日はすごく忙しいんだ。(○)

   예4　好きな食べ物ですか。寿司とか、天ぷらとか、和食なら何でも好きですよ。(○)

단, 「〜とか」는 주로 회화에서 사용되는 표현이기 때문에 문장에서 사용하기에는 적절하지 않습니다. 그에 반해 「〜たり」는 회화나 문장에서 모두 쓸 수 있습니다. 따라서 문장을 쓰는 경우에는 「동사 + 〜たり〜など」나 「명사 + 〜や〜など」를 사용하면 됩니다.

   예5　子どもの頃、公園で鉄棒をしたり、キャッチボールをしたりしたものである。(○)

   예6　イギリスやフランスなど、西欧諸国の動向が注目されている。(○)

   TIP　西欧諸国 : 서유럽 여러 나라

🔍 1. 문법적으로는 맞는 표현은 아니지만, 회화에서는「동사 + たりとか」라는 표현이 쓰이기도 합니다.

예1 休みの日は、だいたい、家でゴロゴロしたりとか、テレビを見たりとかして過ごします。

예2 昨日の事、まさか先生に言ったりとかしてないよね？

2.「塾に通ったり、資格を取ったり」를 좀 더 공식적인 자리에서 사용하는 표현으로 고치고 싶을 때에는「塾に通ったり、資格を取るなど」라고 하면 됩니다.

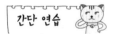

✏️ 다음 (　) 안에 들어갈 알맞은 말을 넣어 봅시다.

1. この料理には大根(　　　　　)じゃがいも(　　　　　)、野菜がたくさん入っていますよ。(회화)

2. 彼は映画(　　　　　)音楽(　　　　　)、様々な分野で才能を発揮した。(문장)

3. 今日は財布を(なくす→　　　　　)、ケガを(する→　　　　　)、ろくなことがありませんでした。(회화)

4. 時には成功(　　　　　)、失敗(　　　　　)、その繰り返しが人生というものですよ。(회화)

> **Tip**
> 大根 : 무　ろくなことがない : 변변한 일이 없다
> 繰り返し : 반복

✎ 다음 문장을 일본어로 바꾸어 써 봅시다.

1. 지금이요? 청소를 하거나 공부를 하거나 하고 있어요. (회화)

   → _____

2. 어제는 숙제를 하거나 음악을 듣거나 했습니다. (회화)

   → _____

3. 오사카라든지 홋카이도라든지…, 가고 싶은 곳은 많이 있어요. (회화)

   → _____

4. 같이 놀거나 싸우거나 하면서 친해지는 것이 친구이다. (문장)

   → _____

5. 고등학교 교사나 대학 교수 등이 참석했다. (문장)

   → _____

포인트 ④ 役に立つ / 助けになる / 助かる

- あまり**助からない**ようです。
  ⇒ 役に立たない

해설

- 「役に立つ」… 유용하다, 다른 사람에게 공헌하다
- 「助けになる」… (난처할 때) 유용하다, (어려운) 사람에게 힘을 써 주다
- 「助かる」… 부담・고통이 경감되다

이 중에서 「役に立つ」는 아래로 보는 뉘앙스가 있으므로 부모님, 선생님 등 윗사람에게 감사의 뜻을 표할 때는 사용할 수 없습니다. (단, 자기 자신이나 교과서, 책, 방송, 도구 등에는 사용 가능)

예1 この本は、英語の勉強にとても助かります。(×)

　　 この本は、英語の勉強にとても役に立ちます。(○) ← 유용

예2 心理学を専攻した理由は心の病を抱えた人の役に立ちたいからです。

　　 (○) ← 다른 사람에게 공헌하는 역할이라는 측면을 강조

　　 心理学を専攻した理由は心の病を抱えた人の助けになりたいからです。

　　 (○) ← 힘을 써 주다라는 측면을 강조

예3 あなたが仕事を紹介してくれたおかげで、役に立ちました。(×)

　　 あなたが仕事を紹介してくれたおかげで、助かりました。(○)

　　 ← 고통・부담의 경감

1step

🔍 1. 유용한 일이라도 배울 점이 많은 경우에는 「ためになる」를 사용할 수 있습니다.

2. 선생님이나 윗사람에게 존경하는 마음을 담아서 말하는 경우에는 「勉強になる」를 씁니다. 그에 반해 「役に立つ」는 '실용적'이라는 뉘앙스가 강해서 존경하는 마음을 나타내기 힘든 표현입니다.

3. 실용적인 배움에 대해 존경하는 마음을 담아서 말하는 경우에는 「助けになる」를 사용하면 됩니다.

例1 あの教養番組はためになるから、見たほうがいいよ。

例2 今日は、貴重なお話をありがとうございました。とても勉強になりました。

例3 あの講座で教えてもらったテクニックが、試験で大きな助けになりました。

간단 연습

✏️ 다음 ( ) 안에 들어갈 알맞은 표현을 골라 봅시다.

Tip
皮をむく : 껍질을 벗기다(깎다)

1. この道具は、果物の皮をむく時に( )。

   ⓐ 助けになります　　ⓑ ためになります　　ⓒ 役に立ちます

2. 将来、困っている人々の( )たいと考えています。

   ⓐ 助かり　　ⓑ 助けになり　　ⓒ ためになり

3. 今日の講演会は、とても( )ました。

   ⓐ ためになり　　ⓑ 助かり　　ⓒ 役に立ち

4. 出勤している間、母が赤ちゃんを見てくれるので、とても( )。

   ⓐ 役に立ちます　　ⓑ 助かります　　ⓒ ためになります

✏️ 다음 문장을 일본어로 바꾸어 써 봅시다.

1. 이 프로그램은 표를 만들 때 도움이 됩니다.

   → _____

2. 미국에 갔을 때 선배가 통역을 해줘서 도움이 되었습니다.

   → _____

3. 변호사가 돼서 힘들어하는 사람들에게 도움이 되고 싶다. (힘을 써 주다)

   → _____

4. 저는 정치가로서 조금이라도 시민 여러분에게 도움이 되고 싶습니다. (다른 사람에게 공헌하는 역할)

   → _____

★ 다시 미션으로 돌아가서 자연스러운 일본어로 고쳐 봅시다.

작문 연습

여러분은 취직에 대해 어떻게 생각합니까? 어떤 직업을 가지고 싶습니까? 이번 과에서 배운 표현을 사용해서 '취직활동'을 주제로 작문해 봅시다.

10 ペット

주요 학습 내용

□ 포인트 ① : する / やる

□ 포인트 ② : ～なくて / ～ないで

□ 포인트 ③ : あげる / くれる / もらう

□ 포인트 ④ : おしい / 残念(ざんねん)だ

 워밍업

다음 (　　) 안에 들어갈 알맞은 말을 보기에서 골라 넣어 봅시다.

(1) 犬(いぬ)は、(　　　　　　　　)と鳴(な)きます。

(2) ニワトリは、朝(あさ)が来(く)ると(　　　　　　　　)と鳴(な)きます。

(3) ライオンは、「百獣(ひゃくじゅう)の王(おう)」と呼(よ)ばれ、(　　　　　　　　)とほえます。

보기

| a. モーモー | b. チェケラッチョ | c. ガオー | d. コケコッコー |
| e. パオーン | f. ワンワン | g. ゴホゴホ | h. ナンデヤネン |

미션

🔖 다음 글을 읽고 틀린 부분을 찾아 봅시다.

わたしの家には、ペットの猫がいます。名前は、タマといいます。

タマは一日中、エサを食べたり、あくびをやったり、自由に過ごしています。 포인트①

わたしも、タマのように働かなくて、寝ていれば誰かがごはんをあげる生活が 포인트② 포인트③

したいのですが、わたしを飼ってくれそうな人はいないので、おしいです。 포인트④

 어휘 및 표현

エサ 먹이　　あくび 하품　　飼う 키우다

포인트 ① する / やる

 **정답**

- あくびを**やったり**
  ⇒ **したり**

 해설

1. 「やる」의 특징 중 하나는 '의지적'이라는 것입니다. 따라서 하품이나 재채기와 같이 '무의식적'인 행동에는 사용하지 않습니다.

   예1) 昨日の夜から、頭痛が<u>やり</u>ます。(×) ← 생리현상, 질병의 증상 등

   예2) いい香りが<u>やり</u>ますね。(×) ← 냄새, 소리 등

2. 의지가 담긴 행동인 경우, 「する」와 「やる」를 모두 쓸 수 있는 경우가 많습니다. 단, 「する」보다는 「やる」가 더 의지적입니다. 또한 「やる」는 구어적이며, 상대방의 행동에 대해 사용하면 실례가 될 수 있으므로 주의해야 합니다.

   예3) そのプロジェクト、ぜひわたしに<u>させ</u>てください。(○)

   そのプロジェクト、ぜひわたしに<u>やらせ</u>てください。(○) ← 보다 강한 의지

   예4) 休みの日には、何を<u>やっ</u>ているんですか。(△) ← 실례가 될 수 있음

3. 다음 예5) ~ 예8)과 같은 경우에는 반드시 「やる」를 사용해야 합니다.

   예5) <u>やっ</u>た！ついに実験成功だ！ ← 성공이나 기쁨을 나타내는 '해냈다', '아싸'

   예6) また<u>やっ</u>てしまった。課長に合わせる顔がない。 ← 실수로 '망했다(저지르다)'

   예7) 帰りに一杯<u>やり</u>ませんか。 ← 음주

   예8) 彼からは、<u>やる</u>気が感じられない。 ← 의욕

1step

🍳 주로 「やる」를 사용하는 경우는 다음과 같습니다.

예1 1チャンネルで面白_{おもしろ}いドラマをやっていますよ。 ← 방송, 영화, 연극 등

예2 あのスーパーは、夜遅_{よるおそ}くまでやっているので便利_{べんり}です。 ← 영업

또한, 아랫사람이나 동식물 등에게 무언가를 준다는 의미로 「やる」를 사용하기도 합니다.

예3 花_{はな}に水_{みず}をやるのを忘_{わす}れてしまった。 ← 식물

예4 エサをやったら、犬_{いぬ}が嬉_{うれ}しそうに尻尾_{しっぽ}を振_ふっていたよ。 ← 동물

예5 あの時計_{とけい}は息子_{むすこ}にやってしまいました。 ← 아랫사람(정중한 표현이 아니며, 주로 남성이 사용)

간단 연습

✏️ 다음 (   ) 안에 들어갈 알맞은 표현을 골라 봅시다.

1. 彼_{かれ}は、(   )はあるみたいだけど、実力_{じつりょく}がね…。
   a する気_き   b やる気_き

2. さっきから、吐_はき気_けが(   )。車_{くるま}に酔_よったのかもしれません。
   a します   b やります

3. おいしそうなにおいが(   )ね。早_{はや}く食_たべたいです。
   a します   b やります

4. 最近_{さいきん}、何_{なに}かおもしろい映画_{えいが}は(   )いませんか。
   a して   b やって

다음 문장을 일본어로 바꾸어 써 봅시다.

1. 가방이 떨어져서 큰 소리가 났습니다.

   → _____

2. 그 레스토랑은 몇 시까지 해요?

   → _____

3. 하품을 했을 때 선생님과 눈이 마주쳤습니다.

   → _____

4. 방(의) 청소는 반드시 제가 하겠습니다.

   → _____

5. 도대체 누가 저지른 거야?

   → _____

포인트 ② ～なくて / ～ないで

OK! 정답

- タマのように**働**かなくて、
    ⇒ **働**かないで

해설

「동사 + なくて」는 '~지 않아서'라는 뜻으로 이유나 원인을 나타내는 표현이므로, 이유나 원인이 아닌 경우(~지 않고, ~지 말고)에는 「～ないで」를 사용해야 합니다.

예1 **日本語**が**上達**しなくて**困**っています。 ← 이유·원인(~지 않아서, ~지 못해서)

예2 **窓**を**閉**めないで**寝**ました。 ← ~지 않고

예3 いつまでも**落**ち**込**んでいないで、**元気**を**出**しなさい。 ← ~지 말고

1step

🔍 1. 「동사+ずに」의 의미 자체는 「～ないで」와 거의 같지만, 주로 문장에서 사용됩니다.

예1 **窓**を**閉**めずに**寝**ました。 ← ~지 않고

예2 **無駄遣**いをせずに、もっと**節約**するべきだ。 ← ~지 말고 (※「する+ずに」→「せずに」)

2. イ형용사 ない형의 て형은 의미를 불문하고 모두 「～なくて」를 사용합니다.

예3 **店**で**見**たら、**思**ったよりかわいくなくて、**買**いませんでした。
    ← ~지 않아서 (× ないで)

예4 あまり**背**が**高**くなくて、やさしい**人**が**好**きです。 ← ~지 않고 (× ないで)

✏️ 다음 (　　) 안에 들어갈 알맞은 표현을 골라 봅시다.

1. 仕事も(　　　　　　)給料をもらおうなんて、泥棒といっしょですよ。

   ⓐ しなくて　　　　　　　　　　ⓑ しないで

2. アラームをセット(　　　　　)寝てしまいました。

   ⓐ しなくて　　　　　　　　　　ⓑ せずに

3. そんなに怒ら(　　　　　)、わたしの話を聞いてください。

   ⓐ なくて　　　　　　　　　　　ⓑ ないで

4. メールを送ったのに返事が来(　　　　　)、がっかりしました。

   ⓐ なくて　　　　　　　　　　　ⓑ ないで

5. せっかく誘ってくれたのに、行け(　　　　　)ごめんね。

   ⓐ なくて　　　　　　　　　　　ⓑ ないで

✏️ 다음 문장을 「～なくて」와 「～ないで」를 사용해서 일본어로 바꾸어 써 봅시다.

1. 친구가 오지 않아서 걱정했습니다.

   → _____

2. 카드를 쓰지 않고 현금으로 샀습니다.

   → _____

3. 아무것도 찍지 말고 드셔 보세요.

   → 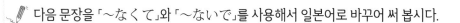_____

4. 감기가 낫지 않아서 회사를 쉬었습니다.

    → _____

5. 그를 만나지 못해서 아쉬웠습니다.

    → _____

 정답

- 誰かがごはんを**あげる**生活
    ⇒ **くれる**

 해설

1. 「**あげる**」: (1) 본인 → 상대방

     (2) 제 3자A → 제 3자B

예1 母の誕生日に、マッサージチェアをあげました。 본인 · 상대

예2 彼女は、彼にお弁当を作ってあげたそうです。 제 3자A · 제 3자B

2. 「**くれる**」: (1) 상대방 → 본인

     (2) 상대방 측 → 본인 측

예3 これは、父がくれた時計です。 상대방 · 본인

예4 いつも弟と仲良くしてくれて、ありがとう。 상대방 · 본인 측

예5 あの時、現地の警察が、日本人を助けてくれたそうですよ。 상대방 측 · 본인 측

3. 「**もらう**」: 받다

예6 わたしがもらった本は、1冊だけです。 ← 받다

예7 彼に小樽の街を案内してもらいました。 ← 받다

'잘 받았습니다'를 「よく受けました」, 「よくもらいました」라고 표현하지는 않는다. 상황에 따라 여러 가지 표현을 사용할 수 있지만, 「ありがとうございました」라고만 해도 의미가 확실히 전달될 수 있다는 것을 알아 두자.

1step

🔍 1. 「あげる」의 정중형은 「さしあげる」, 「くれる」는 「くださる」, 「もらう」는 「いただく」입니다.

예1 先生の退職祝いに何をさしあげるか、みんなで話し合って決めましょう。

예2 社長がほめてくださったことを、父はよく自慢していました。

예3 あの時、あなたに助けていただいたご恩は、一生忘れません。

2. 「〜て(さし)あげる」는 감사의 마음을 요구하는 것처럼 느껴질 수 있으므로, 친근한 관계가 아닌 경우에는 직접적으로 쓰지 않는 것이 좋습니다.

예4 先生、わたしがコピーしてきてさしあげます。(△)

→ 先生、わたしがコピーしてきます。(○)

예5 このペン、貸してさしあげましょうか。(△)

→ このペン、お使いになりますか。(○)

2step

🔍 「もらう(いただく)」는 '감사하는 마음' 또는 '원래는 감사할만한 것'을 나타낼 때 사용하는 표현입니다.

예1 こんな素晴らしい賞をいただけるなんて、光栄です。← 감사하는 마음

예2 あの歌を聞いて、わたしは勇気をもらいました。← 감사하는 마음

예3 こんな物をもらっても、困ります。← 원래는 감사할만한 것

「受ける」는 '(주로 눈에 보이지 않는 것을) 받다'라는 '사실'에 초점을 맞춘 표현입니다.

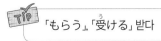

Tip 「もらう」, 「受ける」 받다

예4 あの映画を見て、衝撃を受けました。← 사실

예5 桝谷先生の授業なら、一度受けたことがあります。← 사실

🔍「受け取る」는 ① (눈에 보이는 것을) 수취하거나, ② 상대방의 언행의 의미를 받아들이는 것을 의미합니다.

예1 宅配で送りたいんだけど、週末なら受け取れる？ ← 수취

예2 お客さんから、未払いの代金を受け取りました。 ← 수취

예3 親切で言ったことなのに、どうしてそんなふうに受け取るの？ ← 받아들임

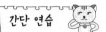

✏️ 다음 ( ) 안에 들어갈 알맞은 표현을 골라 봅시다.

1. どうしてわたしを起こして( )なかったの？ 昨日頼んだでしょ？

   ⓐ あげ　　　　　ⓑ くれ　　　　　ⓒ もらえ

2. 僕も貸して( )たいんだけど、今、100円しかないんだ。ごめん。

   ⓐ あげ　　　　　ⓑ くれ　　　　　ⓒ もらい

3. あなたが救急車を呼んで( )おかげで、娘は助かりました。

   ⓐ さしあげた　　ⓑ くださった　　ⓒ いただいた

4. 彼の表情を見て、わたしはOKというサインだと( )。

   ⓐ もらった　　　ⓑ 受けた　　　　ⓒ 受け取った

✎ 다음 문장을 「あげる」, 「くれる」, 「もらう」를 사용해서 일본어로 바꾸어 써 봅시다.

1. 친구가 준 CD를 잃어버렸습니다.

   → _____

2. 덥네요. 시원한 차라도 드릴까요?

   → _____

3. 여동생이 그 사람한테 반지를 받았다고 합니다.

   → _____

4. 어머니가 보내준 짐을 받았습니다.

   → _____

5. 불합격이라는 판정을 받았습니다.

   → _____

정답

▪ わたしを飼ってくれそうな人はいないので、**おしいです**。
⇒ 残念です

해설

- 「おしい」… 좀 더 했으면 좋은 결과를 얻을 수 있었을 것 같은 경우의 심정
- 「残念だ」… 기대만큼 되지 않는 것에 대한 심정

  예1 あと1点取れば逆転できたのに。おしかったですね。

  예2 太郎君、入社試験に落ちたそうですよ。残念ですね。

  예3 夏休みも、もうすぐ終わりですね。残念です。

1step

🔍 위 예1 의 「おしい」는 한국어로 '아깝다'와 유사한 뜻을 지니고 있습니다. 단, 같은 '아깝다' 중에서도 '유용한 물건이나 사람이 조잡하게 취급되고 있는 모습'이나 '돈이나 자원을 낭비하고 싶지 않은 심정' 등을 표현하는 경우에는 「もったいない」를 사용합니다.

  예1 こんな高級な紙で鼻をかむなんて、もったいないですよ。

  ← 유용한 물건이 조잡하게 취급됨

  예2 ハンバーガーに5,000円も出すなんて、もったいなくてできません。

  ← 낭비하고 싶지 않은 심정

간단 연습

✎ 다음 ( ) 안에 들어갈 알맞은 표현을 골라 봅시다.

1. もう少し、時間があれば逆転できたのに。( )ですね。

   ⓐ もったいなかった　　ⓑ おしかった　　ⓒ 残念だった

2. わたしも、あなたに会えないのが( )です。

   ⓐ おしい　　　　　　ⓑ もったいない　　ⓒ 残念

3. このお菓子、高いんですよ。そんな( )食べ方をしないでください。

   ⓐ 残念な　　　　　　ⓑ おしい　　　　　ⓒ もったいない

문장 연습

✎ 다음 문장을 일본어로 바꾸어 써 봅시다.

1. 같이 여행을 못 가서 아쉬워요.

   → _____

2. 이런 그림에 100만 원이나 내는 것은 아까워요.

   → _____

3. 1점만 더 따면 만점이었는데…, 아까웠네요.

   → _____

4. 태풍 때문에 이벤트가 연기가 됐대요. 아쉽네요.

   → _____

★ 다시 미션으로 돌아가서 자연스러운 일본어로 고쳐 봅시다.

작문 연습

여러분은 애완동물을 키우고 있습니까? 혹은 키우고 싶습니까? 여러분은 어떤 애완동물을 좋아합니까? 이번 과에서 배운 표현을 사용해서 '애완동물'을 주제로 작문해 봅시다.

11 習い事
<ruby>習<rt>なら</rt></ruby>い<ruby>事<rt>ごと</rt></ruby>

주요 학습 내용

□ 포인트 ① : よく〜

□ 포인트 ② : 〜か

□ 포인트 ③ : 〜てみる

□ 포인트 ④ : <ruby>行<rt>い</rt></ruby>く / <ruby>来<rt>く</rt></ruby>る / <ruby>帰<rt>かえ</rt></ruby>る / <ruby>戻<rt>もど</rt></ruby>る

워밍업

🧶 다음 질문에 답해 봅시다.

1. 어릴 때 어떤 것을 배운 적이 있습니까?

2. 아래는 일본 아이들이 학원에서 많이 배우는 것들의 순위입니다. 1위와 7위, 10위가 무엇일지 생각해 봅시다.

1位	?
2位	<ruby>英会話<rt>えいかいわ</rt></ruby>
3位	ピアノ
4位	<ruby>体操<rt>たいそう</rt></ruby>
5位	<ruby>学習塾<rt>がくしゅうじゅく</rt></ruby>・<ruby>幼児教室<rt>ようじきょうしつ</rt></ruby>
6位	サッカー

7位	?
8位	ダンス
9位	空手<ruby>空手<rt>からて</rt></ruby>
10位	?

<出처> http://www.keikotomanabu.net/kids/ranking/

다음 글을 읽고 틀린 부분을 찾아 봅시다.

先週、友だちとカラオケに行きました。彼女はわたしに「どうして、そんなに歌をよく歌うの？」と聞きました。 포인트①

これまでも、カラオケには何回行ったことがありましたが、 포인트② ほめられたのは初めてだったので、照れくさかったです。

閉店まで歌うつもりでしたが、友だちが「わたし、今日バイトなの。そろそろ行ってみなきゃ」と言うので、わたしも予定より早く家へ行きました。 포인트③ 포인트④

 어휘 및 표현

カラオケ 노래방　　照れくさい 멋쩍다, 겸연쩍다

포인트 ① よく〜

정답

▪ 彼女はわたしに「どうして、そんなに歌をよく歌うの？」と聞きました。
⇒ 歌が上手なの？

해설

노래, 춤, 글씨, 그림 등 기술적인 것을 나타낼 때는 다음과 같이 사용합니다.

- [긍정] 〜が上手だ (본인인 경우에는 「得意だ」)
- [부정] 〜が下手だ (본인인 경우에는 「下手だ」 또는 「苦手だ」)

   ※ 「下手だ」는 실제로 못한다는 사실을, 「苦手だ」는 그렇게 생각하는 의식이 강조될 때 사용합니다.

   [예1] 彼は、字をとてもよく書きます。(×) ← 자주 쓴다는 의미

   彼は、字がとても上手です。(○)

   [예2] わたしは、ダンスをよく踊れません。(×)

   わたしは、ダンスが苦手です(下手です)。(○)

1step

🔍 • よくできる : 공부, 과목, 시험 등에 사용하는 표현

   • うまくいく : 계획, 목표의 성공이나 원활한 인간관계 등에 사용하는 표현

例1 今度の期末テストは、よくできたと思います。

例2 「夫婦円満」とは、夫と妻の関係がうまくいくことです。

간단 연습

✎ 다음 ( ) 안에 들어갈 알맞은 표현을 골라 봅시다.

1. わたしは字が(　　　　　)なので、習字を習おうと思っています。

   a 上手　　　　　　　b よく書けない　　　　c 下手

2. 歌が(　　　　　)人は、魅力的です。

   a よく歌う　　　　　b うまくいく　　　　　c 上手な

3. あの二人が結婚したら、きっと(　　　　　)と思いませんか。

   a よくできる　　　　b 上手だ　　　　　　　c うまくいく

문장 연습

✎ 다음 문장을 일본어로 바꾸어 써 봅시다.

1. 그녀는 화가처럼 그림을 잘 그립니다.

   →　_____

2. 아들은 수학도 국어도 잘합니다.

   →　_____

3. 어려운 목표이지만, 꼭 잘 될 거라고 생각합니다.

   →　_____

포인트 ② ～か

정답

▪ カラオケには**何回**行ったことがありましたが、
　　　　　⇒ 何回か

해설

「～か」는 '몇 ~'이라는 뜻으로, 여기서는 의문이 아닌 대략적인 수량이나 기간 등을 나타내는 표현으로 쓰였습니다.

예1 教室に、学生が何人いますか。(○) ← 의문

예2 教室に、学生が何人います。(×)
　　 教室に、学生が何人かいます。(○)

예3 これは風邪ですね。何日か寝ていれば治るでしょう。( )

1step

🔍 「何～」에는 「～か」를 붙일 수 있지만, 「数～」에는 「～か」를 붙일 수 없습니다.

예1 この商品は、色違いが何種類かあります。(○)
　　 → この商品は、色違いが数種類かあります。(×)

또한, 의문이 아니더라도 많다는 것을 강조할 때는 「か」를 붙일 수 없습니다.

예2 何回電話しても、彼は出なかった。 ← 많다는 것을 강조

예3 あの日のことを、何度後悔したかわからない。

✎ 다음 ( )에 「か」를 넣을 수 있는 곳에는 「か」를, 넣을 수 없는 곳에는 ×표를 해 봅시다.

1. あの公園なら、父と何回( )行ったことがあります。

2. あなたの言葉に、何度( )救われたかわかりません。

3. 旅行先で、いくつ( )お土産を買いました。

4. 何度( )失敗しても、わたしはあきらめない。

✎ 다음 문장을 일본어로 바꾸어 써 봅시다.

1. 책을 몇 권 샀습니다.

   → _____

2. 바깥에 고양이가 몇 마리 있어요.

   → _____

3. 그 종이를 몇 장 더 주세요.

   → _____

4. 몇 개 틀렸지만 잘 봤어요. (시험)

   → _____

포인트 ③ 〜てみる

정답

- わたし、今日バイトなの。そろそろ行ってみなきゃ
  ⇒ 行かなきゃ

해설

- 한국어의 '~해 보다' : 시도 및 모든 경험
- 일본어의 「〜てみる」 : 도전・목적이 있는 시도, 목적을 위해 시도한 경험

「〜てみる」는 행위 자체가 목적인 경우나 단순한 경험에는 쓰지 않는다는 것을 알아두세요.

예1 영국에 가본 적이 있어요? : イギリスに行ってみたことはありますか。(△)

　　　　　　　　　　← '간다'는 도전을 해본 경험의 유무

　　　　　　　　イギリスに行ったことはありますか。(○)

　　　　　　　　　　← 단순한 경험의 유무

예2 한 번 가봤어요 : 一度行ってみました。(△) ← '간다'는 도전을 해본 경험의 유무

　　　　　　　　一度、行ったことがあります。(○) ← 단순한 경험의 유무

예3 좀 기다려 봐 : ちょっと待ってみて。(△) ← 어떤 결과를 확인하려고 기다리는 경우

　　　　　　　　ちょっと待って。(○) ← 기다리는 것 자체가 목적

1step

🔍 뉘앙스의 차이에 대해 좀 더 자세하게 살펴 봅시다.

(1) ① あの人(ひと)の話(はなし)を聞(き)いてみましょう。

　　　← 들어보면 어떤 정보를 얻을 수 있는 가능성이 있는 경우 등

　　② あの人(ひと)の話(はなし)を聞(き)きましょう。

　　　← 듣는 것 자체가 목적으로, 모두가「あの人」의 이야기에 귀를 기울이지 않고 있는 경우

(2) ① この魚(さかな)、食(た)べてみたことある？

　　　← 진기한 생선이나, 맛을 상상할 수 없는 생선 등(맛을 알고 싶다는 목적)

　　② この魚(さかな)、食(た)べたことある？

　　　← 단순한 경험의 유무

(3) ① ちょっと来(き)てみて。

　　　← 보여주고 싶은 것이 있는 등, 오게 함으로써 이루고 싶은 목적이 있는 경우

　　② ちょっと来(き)て。

　　　← 행위 자체가 목적

간단 연습

✏️ 다음 (　　) 안에 들어갈 알맞은 표현을 골라 봅시다.

1. 彼(かれ)はきっと来(く)るはずです。もう少(すこ)しだけ、(　　　　　)いかがでしょうか。
   a 待(ま)っては　　　　　　　　b 待(ま)ってみては

2. この箱(はこ)を(　　　　　)？ 一人(ひとり)だと、なかなか勇気(ゆうき)が出(で)なくて。
   a 開(あ)けませんか　　　　　　b 開(あ)けてみませんか

3. 日本(にほん)には、何回(なんかい)も(　　　　　)があります。
   a 行(い)ったこと　　　　　　　b 行(い)ってみたこと

✎ 다음 문장을 일본어로 바꾸어 써 봅시다.

1. 저에게 뭐든지 물어보세요. (행위 자체가 목적)

    → _____

2. 바다에서 수영해본 적이 있어요? (단순한 경험의 유무)

    → _____

3. 슬슬 가볼까요? (행위 자체가 목적)

    → _____

4. 제가 해보겠습니다. (도전)

    → _____

④ 行く / 来る / 帰る / 戻る

い   く   かえ   もど

정답

▪ わたしも予定より早く、家へ行きました。
　　よてい　　　　はや　　　うち　い
　　　　　　　　⇒ 帰りました
　　　　　　　　　　かえ

해설

• 「帰る」… 자기 집, 부모의 집(고향), 고국으로 돌아가다
　　かえ

　예1　昨日は夜遅くに家へ来ました。(×)
　　　　きのう　よるおそ　うち　き

　　　　昨日は夜遅くに家へ帰りました。(○) ← 자기 집
　　　　きのう　よるおそ　うち　かえ

• 「行く / 来る」… 남의 집, 타 지역, 외국으로 가다/오다
　　い　　く

実家 : 생가, 친정
じっか

　예2　夏休みに、友だちの実家へ遊びに行くつもりです。(○) ← 남의 집
　　　　なつやす　　とも　　じっか　あそ　い

　예3　日本には、いつ行く予定ですか。(×) ← 상대방의 고향
　　　　にほん　　　　い　よてい

• 「戻る」… 원래 있던 곳에 다시 돌아가거나(그 후 다시 나오는 경우) 사물을 원래 상태로 되돌리다
　　もど

　예4　一度会社へ戻って、資料をとってきます。(○) ← 원래 있던 곳(다시 나온다)
　　　　いちどかいしゃ　もど　　しりょう

　예5　あの二人の関係は、もう元に戻らないと思います。(○) ← 원래 상태로 돌아감
　　　　ふたり　かんけい　　　　もと　もど　　おも

1step

🔍 • 「帰っていく」: 어떤 지점에서 돌아가는 장소로 떠나가는 모양
　　かえ

　• 「帰ってくる」: 어떤 지점에서 돌아오는 장소로 도착하는 모양
　　かえ

　예1　熊は森へ帰っていきました。← 곰이 원래 거주하던 숲으로 떠나가는 모양
　　　　くま　もり　かえ

　예2　ソウルには、いつ帰ってくる予定ですか。← 서울에 거주하면서 일시 귀국하는 일본인에게
　　　　　　　　　　　かえ　　　よてい

✎ 다음 ( ) 안에 들어갈 알맞은 표현을 골라 봅시다.

1. 彼が家へ( )様子を見届けてから、わたしもその場所を離れました。
   ⓐ 帰っていく ⓑ 戻っていく ⓒ 行く

2. 自分の部屋に( )、服を着替えてきます。
   ⓐ 行って ⓑ 来て ⓒ 戻って

3. 息子さんが、久しぶりに( )そうで、ご夫婦はとても喜んでいましたよ。
   ⓐ 行ってきた ⓑ 帰ってきた ⓒ 行った

4. 何度修理しても、元の状態に( )。
   ⓐ 回らなかった ⓑ 戻らなかった ⓒ 帰らなかった

✎ 다음 문장을 일본어로 바꾸어 써 봅시다.

1. 우리 집으로 놀러 오세요.
   ➡ _____

2. 일찍 집에 가야 합니다.
   ➡ _____

3. 조금 전에 집으로 돌아왔어요.
   ➡ _____

4. 잠깐 사무실에 돌아가서 짐을 두고 올게요.
   ➡ _____

★ 다시 미션으로 돌아가서 자연스러운 일본어로 고쳐 봅시다.

작 문 연 습

여러분은 어릴 적 어떤 것을 배웠습니까? 또는 앞으로 무엇을 배우고 싶습니까? 배워서 좋았던 것, 혹은 추억이 있습니까? 이번 과에서 배운 표현을 사용해서 '배움'을 주제로 작문해 봅시다.

12 食文化
しょくぶん か

주요 학습 내용

- □ 포인트 ① : に / で
- □ 포인트 ② : こと / もの
- □ 포인트 ③ : 知る / わかる
　　　　　　　 し

 워밍업

🧶 일본의 식사 예절이나 문화에 대해 생각해 보면서 다음 문제를 풀어봅시다.

(1) 日本では、お茶碗を手で(　　　　　)食べます。
　　に ほん　　　ちゃわん て　　　　　　　た
　　　1 握って　　　　　　　　2 持って　　　　　　　　3 つかんで
　　　　にぎ　　　　　　　　　　も

(2) 日本では、スプーンを使わず、(　　　　　)でごはんを食べます。
　　に ほん　　　　　　　つか　　　　　　　　　　　た
　　　1 フォーク　　　　　　2 お箸　　　　　　　　3 手
　　　　　　　　　　　　　　　はし　　　　　　　　て

(3) 食事代は、(　　　　　)[自分の分を払う事]か割り勘が普通です。
　　しょく じ だい　　　　　　　じ ぶん ぶん はら こと わ かん ふ つう
　　　1 別払い　　　　　　　2 分割つ　　　　　　3 おごり
　　　　べつばら　　　　　　　ぶん か

✒ 다음 글을 읽고 틀린 부분을 찾아 봅시다.

わたしは日本で来てから1年になります。今、大阪で住んでいます。
포인트 ①

留学の目的は、日本の食文化に触れるものです。大阪にはおいしい
ことがたくさんあるので、毎日食べすぎて困っています。　포인트 ②

でも、はじめは食事のマナーなどが知らなくて、よく戸惑いました。
포인트 ③

📖 어휘 및 표현

触れる 접하다　　マナー 매너　　戸惑う 당황하다

포인트 ① に / で

정답

▪ わたしは日本(にほん)で来(き)てから1年(ねん)になります。

　　　　⇒ に

▪ 今(いま)、大阪(おおさか)で住(す)んでいます。

　　　　⇒ に

해설

• 행선지나 도착점 또는 거주지 : ＋ に

• 돌아다니거나 활동하는 곳 : ＋ で

 움직임이 있는 것은 「で」라고 생각해 보세요!

예1　スウォンで住(す)んでいます。(×)

　　　スウォンに住(す)んでいます。(○) ← 거주지

예2　スウォンで暮(く)らしています。(○) ← 暮(く)らす 생활을 영위하는 것

간단 연습1

✎ 다음 (　　) 안에 들어갈 알맞은 조사를 써 넣어 봅시다.

1. わたしの兄(あに)は、プサン(　　　)住(す)んでいます。

2. 将来(しょうらい)は、南(みなみ)の島(しま)(　　　)暮(く)らしたいです。

🔍 시점 및 변화에 관한 표현에서도 차이가 나는 경우가 있습니다.

예1 나중에 만납시다. → あとで会いましょう。

예2 올림픽을 끝으로 은퇴합니다. → オリンピックを最後に引退します。

예3 일본어로 번역해주세요. → 日本語に翻訳してください。

예4 대학생이 되었습니다. → 大学生になりました。

간단 연습2

✏️ 다음 (   ) 안에 들어갈 알맞은 조사를 써 넣어 봅시다.

1. 父は、ロサンゼルス(   ) 住んでいます。

2. 日本の大学(   ) 留学するつもりです。

3. 彼と最後(   ) 会ったのは、4年前だ。

4. 来年から、新しい制服(   ) 変わります。

문장 연습

✏️ 다음 문장을 일본어로 바꾸어 써 봅시다.

'~으로'는 「~として」

1. 교환학생으로 호주에서 유학을 했습니다.

   → _____

2. 일본 기업에서 일하고 싶습니다.

   → _____

3. 신호등이 파란불로 바뀌었습니다.

→ _____

4. 마지막으로 한 잔 더 마십시다.

→ _____

정답

▪ 留学の目的は、日本の食文化に触れる**もの**です。

⇒ こと

▪ おいしい**こと**がたくさんあるので、毎日食べすぎて困っています。

⇒ もの

해설

기본적으로「こと」는 눈에 보이지 않는 '개념'이나 '행위' 등을 나타내고,「もの」는 구체적으로 눈에 보이는 '사물'을 나타냅니다.

예1 わたしの趣味は、写真を撮る<u>こと</u>です。(◯)

わたしの趣味は、写真を撮る<u>もの</u>です。(×)

예2 こんなに高い<u>もの</u>、受け取れません。(◯)

こんなに高い<u>こと</u>、受け取れません。(×)

간단 연습!

✏ 다음 (   ) 안에 들어갈 알맞은 표현을「こと」와「もの」중에서 골라 써 넣어 봅시다.

1. おいしそうな(   )が、たくさんありますね。

2. うれしそうですね。何かいい(   )でもあったんですか。

1step

🔍 아래와 같은 문형도 바꿔 쓸 수 없으므로, 잘 알아 둡시다.

(1) ~할 수 있습니다 　　： ～ことができます

(2) ~하기로 합니다 　　： ～ことにします

(3) ~하게 됩니다 　　　： ～ことになります

(4) ~한 적이 있습니다 ： た형 + ことがあります

(5) ~하는 법입니다 　　： ～ものです

(6) ~하곤 했습니다 　　： た형 + ものです

간단 연습2

✏️ 다음 (　　) 안에 들어갈 알맞은 표현을 「こと」와 「もの」 중에서 골라 봅시다.

1. 彼はピアノだけでなく、ギターもひく(　　　)ができます。
   ⓐ もの　　　　　　　　　　ⓑ こと

2. この指輪は、わたしにとって一番大切な(　　　)です。
   ⓐ もの　　　　　　　　　　ⓑ こと

3. 彼女と結婚する(　　　)になりました。
   ⓐ もの　　　　　　　　　　ⓑ こと

4. 努力すれば、結果はついてくる(　　　)です。
   ⓐ もの　　　　　　　　　　ⓑ こと

✎ 다음 문장을 일본어로 바꾸어 써 봅시다.

1. 어제 좋은 일이 있었어요.

   →
   _____

2. 갖고 싶은 것이 있어요.

   →
   _____

3. 내일부터 운동을 하기로 했습니다.

   →
   _____

4. 아이는 놀고 싶어 하는 법입니다.

   →
   _____

5. 어릴 때 이 공원에서 자주 놀곤 했습니다.

   →
   _____

정답

- でも、はじめは食事のマナーなどが**知らなくて**、よく戸惑いました。

⇒ わからなくて

해설

- 「わかる」… '이해하다, 깨닫다' 등 깊게 이해하는 것. 또한 식별이나 판단을 할 수 있는 것
- 「知る」… 지식, 정보, 사실을 알게 되는 것

1step

(1) 「知っている」는 이미 머릿속에 있는 것을 나타냅니다.

(2) 「知っています」의 부정형은 「知りません」이 됩니다.

「知っていません」(×)

(3) 윗사람에게는 「知りません」을 쓰면 실례가 되므로, 「わかりません」을 써야 합니다.

(4) 조사를 붙일 때 「知る」는 「~を知る」, 「わかる」는 「~がわかる」가 됩니다.

(5) 「わかる」의 가능형은 없습니다. 그냥 「わかる」를 사용하면 됩니다.

「わかることができる」(×) 「わかれる」(×)

✎ 다음 우리말을 일본어 바꾸어 써 봅시다.

1. 今日の会議の時間を(알고 있습니까? ➡　　　　　　　　　　　　　　).

2. 彼の発言の意図が、まったく(모르겠다 ➡　　　　　　　　　　　　　　).

3. 説明を聞いて、やっと(알 수 있었습니다 ➡　　　　　　　　　　　　).

2 step

🔍 「知る」와 「わかる」의 뉘앙스 차이에 대해 비교해 봅시다.

예1　彼がどうして先生に怒られたのか知ってる？← 정보

　　　あなたがどうして怒られたのかわかる？← 이해

예2　彼の電話番号を知っていますか。← 정보를 파악하고 있는지

　　　彼の電話番号がわかりますか。← (기억하거나 연락처에 등록되어 있어서) 바로 알려줄 수 있는지

예3　彼はよく知らない人だ。← 면식이 잘 없는 사람

　　　彼はよくわからない人だ。← 면식은 있지만 이해하기 힘든 사람

✏️ 다음 (　　) 안에 들어갈 알맞은 표현을 골라 봅시다.

1. 彼は、彼女の気持ち(　　　　　　)わかっていません。

   ⓐ を　　　　　　　　ⓑ が　　　　　　　　ⓒ に

2. あなたの話は、わたしが(　　　　　　)事実とは違います。

   ⓐ 知っている　　　　　ⓑ わかっている　　　　ⓒ わかる

3. あなたって人は、わたしのこと、全然(　　　　　　)。

   ⓐ 知らない　　　　　　ⓑ わからない　　　　　ⓒ わかっていない

4. どんな相手とでも、正直に話せば(　　　　　　)合えるはずです。

   ⓐ 知り　　　　　　　　ⓑ わかり　　　　　　　ⓒ 知って

5. フランス語は勉強したことがないので、まったく(　　　　　　)。

   ⓐ 知りません　　　　　ⓑ わかりません　　　　ⓒ わかっていません

✏️ 다음 문장을 일본어로 바꾸어 써 봅시다.

1. 야마다 씨의 주소를 아세요? (정보)

   ➡ _____

2. 기무라 씨가 왜 입원했는지 아세요?

   ➡ _____

3. 어두워서 어디에 무엇이 있는지 모르겠습니다.

   ➡ _____

★ 다시 미션으로 돌아가서 자연스러운 일본어로 고쳐 봅시다.

작 문 연 습

여러분에게 있어서 가장 기억에 남는 식사는 언제 누구와 무엇을 먹었을 때였습니까? 또 왜 기억에 남습니까? 이 과에서 배운 표현을 사용하여 '식사'를 주제로 작문해 봅시다.

1 다음 (   ) 중 알맞은 표현에 O표를 해 봅시다.

1. 日本には、何回も（行ったこと・行ってみたこと）があります。

2. メールを送ったのに返事が来（なくて・ないで）、がっかりしました。

3. 歌が（上手・よく歌えない・下手）なので練習しようと思います。

4. お金を貸して（あげ・くれ・もらい）たいんだけど、今、100円しかありません。

5. 息子さんが、久しぶりに（行ってきた・帰ってきた・行った）ので、ご夫婦はとても喜んでいました。

6. わたしの夢は日本の会社で働く（もの・こと）です。

7. となりの家からおいしそうなにおいが（して・やって）ます。

2 다음 (   ) 안에 들어갈 알맞은 표현을 보기 a~k 중에서 골라 써 넣어 봅시다.

1. あなたの話は、わたしが(   )事実とは違います。

2. あなたって人は、わたしのこと、全然(   )。

3. どんな相手とでも、正直に話せば(   )合えるはずです。

> a. 知り b. わかり c. 知って d. 知らない e. わからない f. わかっていない
> g. 知っている h. わかっている i. わかる j. 知りません k. わかりません

3 다음 회화의 (　　)에 들어갈 알맞은 표현을 [　　]에서 골라 봅시다.

スジ　：どうしよう！教科書、家に置いてきちゃった。

スンリ：スジは忘れっぽいんだから、寝る前にかばんに入れる(　①　)、メモして
　　　　おく(　①　)しなよ。
　　　　　　　　　　　　　　　　　　　　　　　　　[A.たり　B.や　C.とか]

スジ　：困ったなぁ…。

スンリ：俺のを１冊貸してやるよ。こういう時のために、２冊買って(　②　)
　　　　んだ。
　　　　　　　　　　　　　　　　　　　　　　　　　[A.ある　B.いる]

スジ　：本当？ありがとう！超(　③　)。
　　　　　　　　　　　　　　　[A.役に立つ　B.助かる　C.ためになる]

4 다음 빈칸에 들어갈 알맞은 표현을 자유롭게 써 넣어 봅시다.

1.　A：先生、わたしがコピーを_____か。
　　B：はい、10部お願いします。

2.　A：そんなに急いでどこ行くの？
　　B：３時に宅配が_____から、

　　　　早く家に_____なきゃ！

5 다음 부자연스러운 표현을 자연스러운 표현으로 고쳐 써 봅시다.

1. わたしは早く一生懸命頑張って留学して欲しいと思っています。

   ➡ _____

2. さき、わたしのおとといっしょに食事に行きました。

   ➡ _____

3. 旅行でいくつおみやげを買いました。

   ➡ _____

4. もっと時間があれば、もっといい点数がとれたのに、すごくおしいです。

   ➡ _____

5. 兄は昔アメリカで住んでいたことがあります。

   ➡ _____

6 다음 문장을 일본어로 바꾸어 써 봅시다.

1. 열심히 다이어트를 해서 살이 빠졌습니다.

   ➡ _____

2. 이번 시험에서는 답을 잘 생각해서 제출했으니까 실수는 없을 것 같아요.

   ➡ _____

3. 이 머리스타일을 하면 더 예쁠 것 같아요.

   ➡ _____

4.   요즘 직장일 때문에 많이 힘듭니다.

➡ _____

5.   어제부터 열이 나서 아픕니다.

➡ _____

6.   고양이가 들어올 수 있도록 문을 조금 열고 있습니다 (열어두고 있습니다).

➡ _____

7.   어제는 피아노 학원이 끝나고 나서 운전면허학원으로 갔습니다.

➡ _____

8.   내일은 쇼핑을 하거나 영화를 보거나 하고 싶습니다.

➡ _____

9.   교수님, 한 학기 동안 감사했습니다. 매우 도움이 되었습니다.

➡ _____

10.   밤에 산책하는 것을 좋아하는데 혼자서는 무서워서 싫어요.

➡ _____

MEMO

1 今年の目標

 워밍업

2. ○…1）B 雪　2）B 海　3）A 神　4）B 送

포인트 ①

간단 연습

1. 今回は成功であったが、前回は失敗した。

2. 明日は面接だから、早く寝たほうがいい。

3. 彼の返事はなかったし、電話も出ない。

4. 世界的に夏の気温が上がるだろう。

문장 연습

	20	50	年	の	日	本	に	つ	い	て	S	mi	th	氏
は	「	高	齢	化	率	が	20	%	か	ら	40	%	へ	上
が	る	だ	ろ	う	。」	と	述	べ	た。					

포인트 ②

간단 연습

1. ① 国　② 学　③ 発　④ 遊　⑤ 薄
   ⑥ 漢　⑦ 青　⑧ 層　⑨ 半　⑩ 北

문장 연습

1. 齒→歯　靜→静　說→説

2. 狀→状　營→営

3. 乘→乗　單→単

4. 將→将　來→来　樂→楽　驗→験
   每→毎　彈→弾

포인트 ③

간단 연습

1. b　　2. a　　3. b

문장 연습

1. 教科の中で特に科学が得意でした。

2. お酒が苦手で、1杯だけ飲んでも顔が赤くなり
   ます。

3. (面接の時)わたしはパソコンで動画を作ることが
   得意です。

포인트 ④

간단 연습

1. a　　　　　2. b　　　　　3. b

문장 연습

1. 来年になったら、わたしの甥／姪が大学に進学
   します。（「と」도 가능）

2. もし宝くじが当たったら、世界一周旅行がした
   いです。

3. 春になると、桜が咲きます。（「たら」도 가능）

2 アルバイト

워밍업

2. 1) D　　2) H　　3) A　　4) E
   5) C　　6) F　　7) B　　8) G

포인트 ①

간단 연습

1. × → 台所で母親が米をといでいます。

2. × → シャワーを浴びないで学校に来ました。

3. ○

문장 연습

1. 汗をたくさんかいて、家でシャワーをしました／お風呂に入りました。

2. 今日は遅く起きたので、頭を洗う時間がありませんでした。

3. 赤色の服といっしょに洗ったので、Tシャツが赤く染まりました。

4. ご飯を食べる前には、必ず手を洗わなければいけません。

5. 洗い物をするときは、ゴム手袋をはめてするほうがいいです。

6. 米をよくといで炊くと、おいしいご飯が炊けます。

포인트 ②

간단 연습

1. ○

2. × → 電気がついて／ついたら／つくと、友達の顔がはっきり見えました。

3. × → 地震で揺れて、窓ガラスが割れました。

문장 연습

1. 新学期が始まって、学生たちの活動がさかんになりました。

2. 先輩のことばを聞いて、学校をやめたくなりました。

3. 道で転んで、足をけがしました。

포인트 ③

간단 연습

1. b   2. a   3. a

문장 연습

1. インターネットで買うほうが安いことがあります。

2. ここでは飲み物を飲むことができます。

3. 家の事情がよくなくなり、これ以上学校に通うことができません。

③ 学校生活とストレス

포인트 ①

간단 연습

1. 19○○年生まれの○年生です。

2. 19○○年生まれです。

3. 平成○年生まれです。

포인트 ③

간단 연습

1. とれた   2. とけた   3. ほどけている
4. 解消/発散

문장 연습

1. 3月になって少し暖かくなりましたね。

2. 試験問題、全部解けませんでした。

3. このまま景気が良くならなければ大変だ。
（このまま不景気がつづけば大変だ。）

4. 問題点が多すぎて解決するのが簡単ではない。

5. 会話をちゃんとすれば仲直りできるんじゃないかな。

포인트 ④

간단 연습

1. ×

2. たち　がた

3. たち　ら

4. たち　ども　／　がた　×←「お客様」를 집단
으로 생각하면 ×도 가능

5. ×

6. たち　ら

문장 연습 1

1. こんなミスをもう二度と繰り返さないようにし
　よう。

2. これは探検家の不思議な経験を記録した本です。

3. これらの問題を解決する方法は一つしかない。

문장 연습 2

日本に行ってとても良かったことは、①人々がとて
も親切だったことです。行く前のわたしが考えてい
た日本のイメージは、②人々がプライドが高くて、
情のある国ではありませんでした。しかしそれは誤
解でした。③多くの人々のおかげで、本当によい④
思い出ができました。このような⑤経験を通して、
実際に体験することが重要だということを知りまし
た。今回、留学をすすめてくださった⑥先生方に本
当に感謝しています。そして、⑦後輩たちに、学
生時代に旅行をたくさんすることをすすめたいで
す。もうひとつ考えたことは、⑧家族に対する感謝
です。離れて分かりましたが、本当に感謝していま
す。

4 試験

워밍업

1. (1) ×　　　　　　　(2) ×
　 (3) ○　　　　　　　(4) ×

2. (1) 3 <N 5>　　(2) 2 <N 3>　　(3) 2 <N 2>

포인트 ①

간단 연습

1. 不合格してしまいました
　→ 落ちてしまいました

2. 矛盾されています → 矛盾しています

3. 感情は不変します
　→ 感情は変わりません／不変です

문장 연습

1. あとで後悔することがないように一生懸命勉強
　してください。

2. 彼女は流暢に話した。

3. 会議に参加(出席)してください。

포인트 ②

간단 연습

1. ×　　　2. ○　　　3. ○　　　4. ○

문장 연습 (정답 예)

1. せっかくおしゃれしたのに、だれにも会わな
　かった。

2. せっかく全員がそろったから、食事に行きま
　しょう。

3. せっかくの海外生活を無駄にしないようにしたい。

문장 연습

1. どんなタイプの男性が好きですか。

2. ある方に会いに来たんです。

3. 韓国の食べ物の中でどんな食べ物が好きですか。

4. ある午後

5. A わたし、今日学校である人物に会ったの。
   B ある人物って、どんな人物？

포인트 ④

간단 연습

わたしは大学時代、<u>熱心に(一生懸命)</u>日本語を勉強しました。学費を稼ぐために夜にアルバイトをしながら、学校に通うのは大変でしたが、<u>がんばりました</u>。貴社に入社した際には自分のコミュニケーション能力を生かして、貴社に貢献できるように<u>最善を尽くします</u>。

문장 연습

1. これからがんばろう。

2. 20代後半から30代までは教育に熱心な世代です。

3. 最善を尽くしてがんばります。

5 住まい

 워밍업

2.

2LDK

ニーエルディ(デー)ケー

２つ部屋があって、リビングとダイニングとキッチンがある。

1K

ワンケー

원룸のこと。一つ部屋があって、キッチンがある。

４畳半

ヨジョーハン

約6.5から８㎡くらいの広さの部屋。全体の形状は正方形。

포인트 ①

간단 연습

1. マンション　　2. 団地　　　　3. アパート

포인트 ②

문장 연습

1. このイベントは、秋から春までやっています。

2. 駅から家まで歩いていった。

3. 心から出たことばでした。

4. 子どもから大人まで楽しめます。

5. 学校で体育大会がありました。

간단 연습

1. で　　　　　　2. に　　　　　3. を

간단 연습

1. 座り心地が悪い

2. 楽だ

3. 不便だが／楽だ

4. 痛くないですか／楽に

5. 不便だ

문장 연습 1 (정답 예)

1. (心が) 어머니와 아버지가 싸우는 중이라서 집에 있어도 불편하다. → お母さんとお父さんがケンカをしているので、家にいても居心地が悪い。

2. (体が) 이 옷, 사이즈는 맞는데 목이 좀 불편하다. → この服、サイズは合ってるんだけど、首のところがちょっと合わない。

문장 연습 2

通行にご迷惑をおかけして誠に申し訳ありません。
(通行にご不便をおかけして誠に申し訳ありません。)

문장 연습 1

1. 家に帰って、お母さんのご飯を食べます。

2. その店は安いし、おいしいので（安くておいしいので）人が多い。

3. ビビンバは混ぜて混ぜてたくさん混ぜてはじめておいしい食べ物だ。

문장 연습 2 (정답 예)

1. お湯を沸かして、ラーメンを入れて、ゆでて、スープを入れて、少しまた煮ます。

2. ○○先生が好きです。きれいだし、授業が分かりやすいからです。

6 結婚

2. （1）○　　　（2）○　　　（3）×

간단 연습

1. 1週間ぶりに → 1週間で／1週間後に

2. 3ヵ月ぶりに → 3ヵ月で／3ヵ月後に

3. 1年ぶりに → 1年で／1年後に

문장 연습

1. この本は出版されて2年でベストセラー1位になった。

2. 久しぶりに家族と旅行に行くことにしました。

3. 1年ぶりに肉を食べて、とても幸せでした。

4. 祖父が亡くなって1年で／1年後に祖母も亡くなりました。

간단 연습

1. いっしょう／いっしょ

2. いっしょう

문장 연습

1. 大阪の<u>ビル</u>で<u>ビール</u>を一杯飲みました。

2. <u>くつ</u>が小さすぎて<u>くつう</u>です。

3. <u>いっしょう</u>、<u>いっしょ</u>に生きていきましょう。

간단 연습

1. 気持ち　　　　2. 気持ち
3. 気持ち／気分　　4. 気持ち／気分

문장 연습

1. 花のプレゼントはいつもらってもうれしい。

2. とても頑張りましたが、だれもいい評価をくれ
   ないので悔しくて、気分が悪かったです。

3. わたしは足が多い虫が、一番気持ち悪いです。

4. 試験がよくできて、うれしい。

간단 연습

1. おもしろい　2. 不思議だ　　3. すごい
4. 不思議だ　　5. すごい

문장 연습

1. 海外旅行は初めてなので、すべてが珍しかった
   です／興味深かったです。

2. わたしがその試験に合格したのは、とてもびっく
   り／不思議です。

3. このアプリは珍しい／おもしろい機能が多いです。

4. この音は若い人にだけ聞こえるそうです。不思
   議ですね。

7 ファッション

위밍업

ⓐ　スーツ　　　ⓑ　ジーンズ／ジーパン
ⓒ　ノースリーブ　　ⓓ　パーカー

간단 연습

1. 増えるようになりました
   →　増えました

2. 減るようになりました
   →　減りました

3. 慣れるようになりました
   →　慣れました

문장 연습

1. この半年で体重が１０キロも増えました。

2. スマートフォンを使うようになって、生活スタイ
   ルが変わりました。

3. 勉強をして、漢字が書けるようになりました。

4. 健康を考えて、毎日水をたくさん飲むようになり
   ました。

5. 彼女と別れて、一人で食事をするようになってか
   ら、彼女がどれだけ大切だったのかわかりました。

간단 연습

1. 財布を → 財布が

2. 結婚してほしいです → 結婚したいです

3. 勉強したい → 勉強してほしい

문장 연습

1. コーヒーが飲みたい。

2. 先生にもう少しゆっくり話してほしい。

3. その人にちゃんと仕事をしてほしい。

4. お金がほしい。

포인트 ③

간단 연습

1. ②　　　2. ②　　　3. ②　　　4. ①

문장 연습

1. よく考えて行動すれば、失敗することが少なく
   なります。

2. あなたに会えると思うと、非常にうれしいです。

3. 論文の題名を考える。

4. 考えてもわからない場合は、手を挙げてください。

포인트 ④

간단 연습

1. と思う

2. 遅れます

3. ようだ or みたいだ

문장 연습

1. この食堂の食べ物は本当においしいようです／
   みたいです。

2. ミンスは最近忙しいようです／みたいです。

3. 今日は体の調子が悪いので行けないと思います
   ／行けません。

4. 風邪をひいてしまったので、病院に行かなけれ
   ばいけません。今日は欠席します。

8 お酒

워밍업

1. 生ビール中ジョッキ　　　　2. ③

포인트 ①

문장 연습

1. おっとが出すげっぷのおとが嫌いです。

2. コックさん、味をこくしないでください。

3. きってを持ってきてください。

포인트 ②

간단 연습

1. a　　　　2. a　　　　3. b

문장 연습

1. A：どのようなご用件でしょうか。
   B：用事があって来ました。

2. どんなことがあっても最後まであきらめません。

3. 仕事で日本に出張に行きます。

포인트 ③

간단 연습

1. 好きだけど／嫌だ　　2. 嫌　　3. 嫌

문장 연습

1. わたしはもともとニンジンが嫌いです。

2. 甘いものは嫌いじゃないけど、太るのは嫌だ。

3. わたしはその先輩がとても好きです。すごくい
   い人そうです。

문장 연습

1. A : 今日は具合が悪くて／体調が悪くて行けません。
   B : はい、お大事にしてください。

2. 卒業論文のことを考えるともう頭が痛いです。

3. 季節の変わり目になると、いつも具合が悪い／
   体調が悪いです。

9 就職活動

3. (1) ○　(2) ○　(3) ×　(4) ○　(5) ×
   (6) ×　(7) ○　(8) ○　(9) ×

포인트 ①

간단 연습
1. b　　　　2. a　　　　3. a

문장 연습

1. もうべんきょうはしません。合格通知をもらっ
   ていますから。

2. 毎日、日記を書いています。

3. デートのために、レストランを予約してあります。

포인트 ②

간단 연습
1. 教室　　　2. 予備校　　　3. 料理教室
4. 学校　　　5. 教習所

문장 연습

1. わたしは釜山にある日本語教室に通っています。

2. 東京で一番有名な日本語学校は、どこにありま
   すか。

3. 中学生の時、授業についていけなくて塾に通い
   ました。

4. 予備校は授業料が高いですか。

5. 幼い時(頃)、水泳教室(スイミングスクール)に通
   っていました。

포인트 ③

간단 연습
1. とか／とか　　　　2. や／など
3. なくしたり／したり　4. したり／したり

문장 연습

1. 今ですか。そうじをしたり、勉強をしたりして
   います。

2. 昨日は宿題をしたり、音楽を聴いたりしました。

3. 大阪とか北海道とか、行きたい所はたくさん
   あります。

4. いっしょに遊んだりケンカしたりしながら、仲
   良くなるのが友達だ。

5. 高校の教師や大学の教授などが参加した。

포인트 ④

간단 연습
1. c　　　2. b　　　3. a　　　4. b

문장 연습

1. このプログラムは、表を作る時に役に立ちます。

2. アメリカへ行った時、先輩が通訳をしてくれて
   助かりました。

3. 弁護士になって、困っている人々の助けになりたい。

4. わたしは政治家として少しでも市民のみなさんの役に立ちたいです。

---

⑩ ペット

 워밍업

(1) f   (2) d   (3) c

 포인트 ①

간단 연습

1. b   2. a   3. a   4. b

문장 연습

1. かばんが落ちて、大きな音がしました。

2. そのレストランは、何時までやっていますか。

3. あくびをした時に、先生と目が合いました。

4. 部屋の掃除は、必ずわたしがやります。

5. 一体、だれがやったんだ？

포인트 ②

간단 연습

1. b   2. b   3. b   4. a   5. a

문장 연습

1. 友達が来なくて、心配しました。

---

2. カードを使わないで現金で買いました。

3. 何もつけないで召し上がってみてください。

4. 風邪が治らなくて会社を休みました。

5. 彼に会えなくて残念でした。

포인트 ③

간단 연습

1. b   2. a   3. b   4. c

문장 연습

1. 友達がくれた ＣＤを失くしてしまいました。

2. 暑いですね。冷たいお茶でもいかがですか。

3. 妹が、その人に指輪をもらったそうです。

4. 母が送ってくれた荷物を受け取りました。

5. 不合格という判定を受けました。

포인트 ④

간단 연습

1. b   2. c   3. c

문장 연습

1. いっしょに旅行に行けなくて残念です。

2. こんな絵に100万ウォンも出すのはもったいないです。

3. あと１点だけとれば(あと１点で)満点だったのに…。おしかったですね。

4. 台風のせいでイベントが延期になったそうです。残念ですね。

11 習い事

 워밍업

1位 - 水泳　　7位 - 習字　　10位 - そろばん

포인트 ①

간단 연습

1. c　　　　2. c　　　　3. c

문장 연습

1. 彼女は画家のように絵が上手です。

2. 息子は、数学も国語もよくできます。

3. 難しい目標ですが、きっとうまくいくと思います。

포인트 ②

간단 연습

1. か　　　2. ×　　　3. か　　　4. ×

문장 연습

1. 本を何冊か買いました。

2. 外に猫が何匹かいますよ。

3. その紙を、もう何枚かください。

4. いくつ(何個)か間違えましたが、よくできました。

포인트 ③

간단 연습

1. b　　　　2. b　　　　3. a

문장 연습

1. わたしに何でも聞いてください。

2. 海で泳いだことがありますか。

3. そろそろ行きましょうか。

4. わたしがやってみます。

포인트 ④

간단 연습

1. a　　　2. c　　　3. b　　　4. b

문장 연습

1. 家へ(に)遊びに来てください。

2. 早く家に帰らなければなりません。

3. ついさっき家に帰ってきました。

4. ちょっと事務所に戻って荷物を置いてきます。

12 食文化

 워밍업

(1) ②　　　　(2) ②　　　　(3) ①

포인트 ①

간단 연습 1

1. に　　　　　　　　2. で

간단 연습 2

1. に　　　2. に　　　3. に　　　4. に

문장 연습

1. 交換留学生として、オーストラリアに留学しました。

2. 日本の企業で働きたいです。

3. 信号が青に変わりました。

4. 最後にもう一杯飲みましょう。

포인트 2

간단 연습 1

1. もの　　　　　　　　2. こと

간단 연습 2

1. b　　　2. a　　　3. b　　　4. a

문장 연습

1. 昨日、いいことがありました。

2. ほしいものがあります。

3. 明日から運動することにしました。

4. 子どもは遊びたがるものです。

5. 幼い時、この公園でよく遊んだものです。

포인트 3

간단 연습 1

1. 知っていますか

2. わからない

3. わかりました

간단 연습 2

1. b　　2. a　　3. c　　4. b　　5. b

문장 연습

1. 山田さんの住所を知っていますか。

2. 木村さんがなぜ入院したのか知っていますか。

3. 暗くて、どこに何があるのかわかりません。

🐱 종합 문제 정답

종합 문제1

1
1. アパート　　　　　　　2. マンション

2
1. 乗　　　　2. 苦手　　　3. ことがあります
4. 気分　　　5. いっしょに　6. 不思議だ

3
1. とれる

2. 発散する／解消する

3. 解けない

4
1. 朝起きたら、電話してください。

2. 毎晩寝る前にお風呂に入って／シャワーを浴びて、寝ます。

3. 日本のドラマを見て、日本語が好きになりました。

4. 奨学金の面接は合格したのに、留学の面接は不合格でした。

5. 友達の紹介で3カ月後に(3カ月で)カップルになった二人ですが今も仲良くしているようです。

5

1. 明日は寒くなるだろう。

2. 友達がご飯をおごってくれました。

3. 多くの人のおかげで本当にいい思い出ができました。

4. ある人がわたしにこれからどんな人になりたいのかと聞きました。

5. 「これからも頑張ります」

6. 目上の人の前なので少し気を遣いました。

7. ソウル駅の1番出口を出ると有名な食堂がある。

8. 彼女はせっかく美人なのに、服にもメイクにも関心がありません。

6

1. 例）2年生です。

2. 例）1992年生まれです。

3. 例）漢字が多いし、敬語も複雑だからです。

종합 문제 2

1

1. 行ったこと　　2. なくて　　3. 下手　　4. あげ
5. 帰ってきた　　6. こと　　7. して

2

1. g　　　　　2. f　　　　　3. b

3

① C　　　　② A　　　　③ B

4

1. いたしましょう／しましょう

2. 来る／届く、帰ら

5

1. わたしは早く一生懸命頑張って留学したいと思っています。

2. さっき、わたしのおっとといっしょに食事に行きました。

3. 旅行でいくつかおみやげを買いました。

4. もっと時間があれば、もっといい点数が取れたのに、すごく残念です。

5. 兄は昔アメリカに住んでいたことがあります。

6

1. 一生懸命ダイエットをして痩せました。

2. 今回のテストでは答えをよく考えて提出したのでミスはないと思います。

3. この髪型にしたら(もっと)かわいいと思います。

4. 最近、仕事のせいでとても大変です。

5. 昨日から熱が出て体調が悪いです。

6. 猫が入ってこられるように、ドアを少し開けてあります。

7. 昨日はピアノ教室が終わってから、教習所(自動車教習所)へ行きました。

8. 明日は買い物をしたり、映画を見たりしたいです。

9. 先生、一学期間ありがとうございました。とても勉強になりました。

10. 夜散歩をするのは好きですが、一人は怖くて嫌です。

스피치에 강해지는 일본어 작문 트레이닝

초판발행	2018년 8월 20일
1판 4쇄	2021년 11월 15일

저자	모치다 유미코, 이부키 사야카, 이토 타카오
책임 편집	조은형, 무라야마 토시오, 박현숙, 김성은, 손영은
펴낸이	엄태상
표지 디자인	권진희
마케팅	이승욱, 전한나, 왕성석, 노원준, 조인선, 조성민
경영기획	마정인, 조성근, 최성훈, 정다운, 김다미, 오희연
물류	정종진, 윤덕현, 양희은, 신승진

펴낸곳	시사일본어사(시사북스)
주소	서울시 종로구 자하문로 300 시사빌딩
주문 및 교재 문의	1588-1582
팩스	0502-989-9592
홈페이지	www.sisabooks.com
이메일	book_japanese@sisadream.com
등록일자	1977년 12월 24일
등록번호	제300-1977-31호

ISBN 978-89-402-9241-9 13730